天下文化

BELIEVE IN READING

成為孩子生命中的貴人

四季藝術創辦人唐富美的教育創新

邵冰如 著

目錄

序 希望下一代的教育與世界接軌 高希均 遠見・天下文化事業群創辦人 6
序 為孩子打造快樂成長的園地 高承恕 逢甲大學董事長 8
序 人生的艱難 往往造就生命的美好 唐富美 四季藝術兒童教育機構創辦人 10
楔子 當一顆種子成長為蒼翠樹海 12
第1部 覺醒的力量 24
1 不向貧窮妥協 26
2 主動找方法的孩子 33
3 人可以為自己做決定 38
4 學習是一輩子的事 47

第2部 我來！ 54

1 站上追夢的起點 56

2 用對的策略強化專業 63

3 不妥協的媽媽自己來 69

4 孩子才是教育的主角 78

第3部 翻轉教養 90

1 追夢路上的盟友 92

2 如果很想 就要全力爭取 100

3 尊重生命的獨特性 106

4 孩子是父母的好朋友 115

5 彼此支持的家族生命樹 122

第4部 鷹架孩子成長

第4部 鷹架孩子成長 128
1 孩子才是學習的主導者 130
2 失控是更棒的學習 139
3 所有夢想都可能實現 151
4 點燃尋夢的火種 159
5 成為世界改變的起點 164

第5部 從共備到共好

第5部 從共備到共好 174
1 沒有解決不了的問題 176
2 共備讓我們有底氣 179
3 藝術家也要像孩子一樣思考 192
4 數位創新 共備二・〇 197

第6部 接住每一顆心 210

1 — 接住每一隻受傷的雁 212

2 — 天涯海角 成為彼此的力量 220

3 — 有愛的老師才懂愛孩子 226

4 — 用愛說實話 232

5 — 傾聽理解 接住迷惘的心 241

結語 立志成為綠色永續創新教育的典範 248

序

希望下一代的教育與世界接軌

高希均 遠見・天下文化事業群創辦人

遠見・天下文化事業群在二〇〇六年啟動《哈佛商業評論》全球繁體中文版，書中的進步觀念，不僅與世界的一流管理知識接軌，也獲得各界的肯定。看見科技進步對產業發展的影響，台灣《哈佛商業評論》在二〇二一年首度舉辦「數位轉型鼎革獎」，希望促進數位運用並鼓勵典範分享。

第一屆鼎革獎得主，有高科技企業、金融公司、大型製造業，最讓我印象深刻的是，「中小企業特別獎」的「卓越營運獎」兩位得獎者中，竟然有一家幼兒園。這家幼兒園，就是四季藝術兒童教育機構。這真是意外的驚喜。

我在美國念書五年、教書三十四年，學的專業是經濟，最關心的是教育。現在在台中，居然有一家幼兒園，有如此的遠見和決心，願意投注時間、人力、資源，為全校教師培養科技能力、建立知識庫，讓教師分享專業經驗、共同提升教學品質，而學生擁有最好的學習與成長。他們的努力，引起我的關心。

因此，我和同仁特別抽出時間到台中參訪四季藝術兒童教育機構。這家幼兒園的確不一樣。

在我們參訪的當時，四季藝術兒童教育機構已經成立六家幼兒園，創辦人唐富美女士借鏡歐洲重要教育體系之一、被譽為世界最好的幼兒教育——義大利瑞吉歐方案教學，讓小朋友藉著真實的體驗，探索世界、面對困難、解決問題。另外，她也注意到永續的重要，把綠建築的理念融入四季藝術的校園，提供下一代最好的環境教育。

投資教育，是最大的投資，因為它的影響長達幾十年，甚至上百年。

台灣經濟在過去二十年來，已經漸漸失去「四小龍」時期的榮光，其中的關鍵原因之一，就是教育制度，台灣的教育制度不但不是國家成長的助力，反而成為阻力。我們應當重視教育革新，希望有更多學校、教師及關心教育的專家，如同四季藝術幼兒園，願意投注心力，為台灣找到面向未來的教育方法，尤其不可以讓四到六歲的小朋友輸在起跑點。

希望透過這些努力，我們的下一代或是這一代能與世界教育接軌，成為台灣再次成長的動力。

序

為孩子打造快樂成長的園地

高承恕 逢甲大學董事長

這已經不是第一次為唐富美女士的書寫序了，每一次閱讀都有不一樣的感動，看到不一樣的風景。這不是形式上的讚賞，而是發自內心的回應。

初識富美是在二〇一三年的秋天，我在逢甲大學ＥＭＢＡ文創班開課，一如往常，不問學生的背景，同班同學一起上課、聽講。從第一週開始，我注意到一雙仔細聆聽的眼睛。此後，不論是在課堂，在碩士論文書寫，富美的學習與表現都十分突出，從第一名畢業也就是實至名歸了。

古人說：「教學相長。」的確如此。我從她個人以及四季藝術幼兒園的辦學也有很多學習。在多次參訪四季藝術，看到的不只是認真經營，而是創意中有份對孩子細心又溫暖的呵護。其實在閱讀這本書稿之前，心裡一直有點好奇，是什麼原因讓富美有這樣不斷追求卓越的動力。要名聲，四季藝術幼兒園早已在幼兒教育界中被高度肯定；論利益，辦教育本來就不是謀利的好途徑。現在我比較了解了。本書除了談幼兒教育的思想、理念與實踐之外，在人生歷程裡，原來她在幼年到大學的歲月是如此坎坷困難。面對無數有形無形的壓力與限制，孕育出一種永不低頭、堅毅邁向理想的心志。這樣的心志不斷以創新的策略，結合一群志同道合的同仁，一步一腳印，打造了幼兒園的一片新天地。

成功固然有它的機遇，但那份熱情的堅持絕非偶然！富美把她幼年的困境創造性的轉化成教育的資源與不息的動力，這就是最動人的篇章。

而對未來，二十一世紀最嚴峻的挑戰就是少子化，它不但是結構性的趨勢，更是不可逆轉的難題。幼兒教育的經營自然首當其衝。過去的經驗固然是基礎，但是如何不斷優化，才是真正的功課。本書提供了不少務實卻有新意的想法與做法，有理想也有實踐，深具啟發性。

常常在華燈初上之時，經過上安路的四季藝術幼兒園，建築硬體雖不特別顯眼，看見家長們井然有序迎接放學的孩子們，那確是一幅好景象。現代社會生活中家長忙於工作，白天能有一片讓孩子活潑學習、快樂成長的園地就是福分，也是功德！願四季風調雨順，化育眾人，無限祝福！

序

人生的艱難 往往造就生命的美好

唐富美 四季藝術兒童教育機構創辦人

兒子十八歲時曾經問我：「你覺得青春是什麼？你的青春快樂嗎？那你現在快樂嗎？」我十八歲時的快樂是什麼？快樂就是：每天夜間部第一堂下課，衝到福利社門口，跟一群人搶奪兩顆水煎包，搶到了，有晚餐吃了，就是最大的快樂。

十八歲的青春是什麼？青春就是每天不斷忙碌的工作與上學，當爸爸因為父子衝突躺在床上三天不吃、不喝、不起床，我能勇敢的承擔起家庭的擔子，陪著失落的爸爸走過艱難的時刻。

但也因為經歷了那麼漫長而令人難捱的痛苦，我才能在艱難的環境中學會堅持，並且在數不清的人生困境中，不斷的找方法，解決生活的問題、工作的挑戰，鍛鍊出永不放棄的精神，逐步找到自己的機會與未來。

所以，當我為了讓孩子擁有全世界最好的幼兒教育而創辦四季藝術幼兒園時，年輕時面對困難解決問題的習慣，就讓這個別人眼中太瘋狂的夢想，能夠落地實踐，持續二十八年投入教育的創新。

當無數的孩子在充滿美感與創客精神的四季藝術校園中長大，畢業後各自走向不同的人生，卻都具有追求夢想的熱情、願意面對挫折的勇氣，還有解決問題的能力，這是四季藝術擁有共同教育使命伙伴的願景，也是我們培養改變世界行動者的具體實踐。

這一本書，是我面對艱難生命歷程，所累積的勇氣和意志力，用於奮力成長、用於孩子的窮養、用於夫妻間的學習成長，也用於四季藝術孩子的教育創新與堅持，還有四季藝術工作伙伴的培育與照顧，並且在需要的時候，接住伙伴的生命與生活。

現在，我的快樂，是讓更多孩子擁有最好的學習；我的幸福，是成就伙伴的自我實現與夢想。

讓這本書——

陪伴每一位想要為孩子創造不可思議的學習意義和機會的您。

陪伴每一位經歷生命挫折、教養困境，想要找到方法突破的您。

也陪伴每一位想要帶領團隊伙伴創造不平凡人生，為別人帶來幸福的您。

讓我們一起成為孩子生命中的貴人，也成為自己生命中的貴人！

楔子

當一顆種子成長為蒼翠樹海

樹梢的蟬鳴此起彼落，有如交響樂章。街角的建築裡，傳出陣陣稚嫩的笑語，隨微風輕揚。

這裡，是台中的四季藝術幼兒園。

從生活中學習

一群孩童正在校園裡騎腳踏車，歡快的氣氛中突然響起一聲大叫：「啊，踩不下去了！」幾個小孩看到衝了過來，大家一起放倒腳踏車，七手八腳檢查踏板、輪胎。

「找到了，鏈條掉了啦！」小女生拿起螺絲起子，試著把鏈條裝回去；另一個女孩用手轉起踏板，嘗試把鏈條轉回齒輪。

旁邊的小男生也沒閒著，他把手伸進齒輪下，很酷的宣布：「我知道了，這下面有個缺口，要先打開，鏈條才能裝回去。」

「可是，缺口打不開啊！」孩子們東試西試都不成，嘴裡發出疑問，雙手卻沒有放棄。蹲在旁邊的老師一面遞工具，一面問：「為什麼會這樣？」

有人歪頭思考，有人忙著找工具。十幾分鐘後鏈條依舊裝不回去，孩子們有點沮喪。老師沒有急著給答案，耐心引導的問：「怎麼辦？」

孩子們你一言我一語，最後決定：「我們去問會修腳踏車的人。」

第二天上午，二十多個孩子跟著老師來到腳踏車店，和藹的老闆拿出專用鐵鉗和打鏈器，慢慢示範怎麼裝鏈條。

每個孩子興奮又專注的看著，還不會寫字的他們同時努力畫圖記下：「鉗子往內夾，鏈條會斷開；往外開，鏈條會連起來。打鏈器轉一轉後，鏈條就會開，轉另一個方向，鏈條就會關……」

下午回到教室，孩子們分組活動，每組都有一輛腳踏車，大家拿起工具敲下鏈條，再重新裝妥。

沒有一個孩子在意手上沾滿油汙灰塵，反而此起彼落喊著：「我會修落鏈了！」「我也會了！」

在四季藝術幼兒園，每個孩子都能自由走到教室外，在自然環境裡體驗、觀察、探索。

這是四季藝術「蝴蝶班」的主題課程「移動工具」。課堂上，孩子探索各種移動方法和輪子的效能，研究車子的構造與零件，最後組裝出自己想要的、獨一無二的腳踏車。

這場名為「騎幻旅程」的學習，是四季藝術各種主題課程與方案教學的縮影。在這裡，老師不會命令孩子們怎麼做，而是讓孩子透過主題課程與方案學習，經由體驗、觀察、探索，展現天馬行空的想像，再找到方法去嘗試與實踐，在自我實現的路上快樂成長。

上課之外，孩子們還能自由走到教室外，讓和煦的陽光灑滿全身，在花草的馨香裡遊戲奔跑，甚至在夏日與水池裡的小魚一起戲水。

前往四季藝術取經的國內外幼教團體、機構和學者不計其數，連教育部課程綱要審查委員都組團參訪，對四季藝術讚嘆不已。

這一切美好的起點，來自一位媽媽的心願。這位媽媽，正是四季藝術兒童教育機構的創辦人唐富美。

底層的孩子　唯有努力才能出頭

唐富美出身彰化清貧的家庭，父親做鐘錶眼鏡小生意，收入微薄，一度必須跟高利貸借錢；媽媽做成衣刺繡的設計，貼補家計，每天埋首針線十幾個小時。

唐富美雖然是家中老么，但是一上小學便加入家裡的勞動行列，下課後幫媽媽做手工、送貨，節日到八卦山下擺攤賣鐘錶，仰頭踮腳向每一個路過的遊人推銷。

小學時，唐富美曾是老師看不上眼的孩子，國中畢業時，家裡一度不讓她升學……只是，唐富美的人生字典裡沒有「放棄」二字。

進了社會，年輕的她一身素樸，做過室內設計、企劃、房仲，即使沒有一流的學歷，也要奮力爭取心中嚮往的工作，更珍惜在不同行業的學習機會。

她的背包裡沒有一般女孩常見的零食和化妝品，只有厚重的商業財經書刊和幾個銅板；娛樂休閒不是她的選項，深夜加班、假日奔波拜訪客戶都習以為常。

「我的條件不如別人，不加倍努力怎麼行？」唐富美激勵自己。

從求學、工作到成家，唐富美都帶著這股信念往前走，在成為媽媽之後，育兒也是同樣的堅持。

媽媽的疑惑：我的孩子要這樣長大嗎？

唐富美是個認真的媽媽，很在乎孩子的成長和學習，無奈的是，一年讓兒子試讀了兩所幼兒園，都和她的期望有很大落差。

第一所幼兒園的課程採取開放式教學，但新老師沒經驗而且不細心，不僅班級上課狀況混亂，兒子好幾次身上有碰撞的小傷，老師都不知道。

第二所幼兒園標榜新式教學，但是所有教具、教材都是固定模組，孩子只能照規定方式操作教具。

「如果我的孩子在這種環境成長，會變成什麼模樣？」唐富美不斷自問，最後鐵了心：「我不要他們這樣長大。」

一九九五年秋天，她在一篇文章中看到「瑞吉歐教育」一詞，勾起了高度的好奇。瑞吉歐教育起源於義大利北部城市瑞吉歐．艾蜜莉亞（Reggio Emilia），一九九一年被美國《新聞週刊》（*Newsweek*）評為全世界十大最佳學前教育，唐富美看到報導的當時，正在全球掀起熱潮。

一九九五年，因緣際會下，唐富美跟著幼教參訪團飛到義大利。這是台灣連續申請三年後才終於成行的第一個參訪團。

參訪團成員全是幼教學者與幼兒園園長，唯獨唐富美沒有任何相關背景，只是一個渴望為孩子成長找到適性方法的母親。她沒想到，這趟源自於好奇心的旅程，反而成為一生的轉捩點。

在義大利瑞吉歐．艾蜜莉亞小鎮，有三十幾所幼兒園採用瑞吉歐方案教學，參訪期間，唐富美每天進入不同幼兒園看孩子上課。

她看著孩子們熱烈討論，全程自行研究水車如何運轉、導入水源、帶動水力，還親自動手做，反覆實驗水車軸帶的寬度、輪子大小、水管粗細和水車的高度。

這群訪客被帶到公園水池邊，看孩子們之前完成的水車如何順利運轉。聽著孩子們熱情的介紹和歡呼聲，唐富美非常震驚，原來孩子們做的不是模型或玩具，而是一座百分之百真實的水車。

原來教育可以這樣

唐富美想起大學時期在建築系上課的情景，大學生動手設計、實做的過程，在這群異國的孩子身上重現，「原來幼兒教育可以這樣做，**孩子才是主體，老師的角色是引導他們找出解決問題的方法……**」

從義大利回台後，唐富美決定創辦一所採用瑞吉歐教學模式的幼兒園，學校的名字同時在她腦中成形——四季藝術幼兒園。

取名「四季」，是因為一份期待，期盼孩子快樂享受成長的每一次春夏秋冬，也象徵幼兒的學習歷程如季節更迭，有不同的風景與感受，更是生命中的喜怒哀樂，不論春陽喜悅、冬雪寒霜，孩子們都能從容以對。

「藝術」，則是唐富美對生命的另一份憧憬，要用美學統整學習，讓藝術成為孩子人生長路的基石。

四季藝術的老師陪伴、引導孩子們享受成長的每一次春夏秋冬，並在其中建立解決問題的能力。

一九九六年六月，第一所四季藝術幼兒園開學，七十九個孩子走進校園，在大樹、草地和陽光裡，展開全新的學習。

到二〇二三年，四季藝術已經擴展到六所幼兒園、六所國小課後ESL（English as a Second Language）創客學校，還有出版事業、教育基金會，教職員也從創校時的十七人成長到近五百人，每年超過三千個孩子在四季藝術成長學習，奠定生命的價值觀。

不僅辦學，唐富美更協助推動台中幼教政策，向外擴散影響力。

教育部在二〇一一年施行幼托整合改制為幼兒園的政策，當時唐富美擔任台中市幼兒教育暨福利協會第十屆理事長，她全力協調台中市政府都市發展局和教育局，幫助台中市的托兒所和幼稚園通過建築法規標準和公共安全檢查，全數轉型成幼兒園。之後，她又主動提供四季藝術設計的所有評鑑表單協助教育局訂定評鑑範本，讓每家幼兒園順利完成首度評鑑，也吸引其他縣市教育局前來索取參考。

因為努力與無私，當年那個不死心的媽媽，成為台灣幼教界代表人物之一。

從平凡媽媽到幼教界代表

二〇一八年七月，一年一度的世界園長大會（World Principal Conference）在中國大陸北京國家會議中心舉行，超過三十多個國家的幼教專家到此分享專業經驗，數千名幼教工作者前來學習。

大會第三天，瑞吉歐教育論壇登場。講者之一的唐富美，一邊展示簡報，一邊侃侃而談她如何運用瑞吉歐教育模式與創客精神，從生活科學到美學，帶領四季藝術的孩子在生命萌芽時期奠定基礎。

台下座無虛席，走道、地板也擠滿了人，沒人提早離開，全程認真筆記。演講結束，一群幼兒園園長衝上前圍著唐富美，每雙眼睛閃著讚嘆、羨慕與渴望，更有人掉下眼淚。

「謝謝你，讓我們看見華人世界也可以有這麼好的幼兒教育和園所，」一位園長表示。

唐富美的演講順序，排在義大利瑞吉歐教育機構執行長朱迪綺（Claudia Giudici）和義大利總部老師之間。朱迪綺原本對「一間台灣幼兒園，為什麼可以排在義大利總部兩場演講中間」不解，還向大會要求先看過四季藝術的簡報。

然而，當唐富美在講台上開始分享時，朱迪綺一改嚴肅的神情，頻頻微笑點頭，散會後，還不斷與唐富美交流。她沒想到台灣的四季藝術如此動人。

這只是唐富美頻繁出國分享經驗的行程之一。在努力傳遞幼教願景的過程中，她曾經是教育部多項幼教相關法案和政策的諮詢顧問、多所學校幼教科系的幼教課程諮詢委員、大學師資培訓中心兼任助理教授。

二〇二二年，唐富美獲頒「星雲教育獎」，也獲得國內人力資源領域最高獎項「國家人才發展獎－傑出個案獎」。

四季藝術幼兒園結合景觀設計，打造出自然生態校園。

這些傲人的成果，到底怎麼達成的？為什麼媽媽心中的一顆小小種子，可以長成蒼翠樹海？

「**沒有解決不了的問題，只是你還沒有找到方法，**」唐富美的話聲溫柔，身影纖瘦，眉間卻有無法撼動的堅毅。

從成長到創業，從平凡媽媽到幼教界代表，短短兩句話，引領了她的人生，也開拓了四季藝術的傳奇軌跡。

第 1 部

覺醒的力量

透過閱讀省思、師長引導，

當生命覺醒，

現實條件不再局限她的成長，

唐富美突破貧窮與自卑，

走向充滿希望的未來。

1 不向貧窮妥協

一九六〇年代的彰化，純樸寧靜。清晨，一間老舊的狹窄屋子裡，瘦小的女孩噙著淚，站在父親床頭苦苦哀求：「爸，老師說今天一定要繳錢，不能再拖，拜託你給我，只要五毛錢就好，不然我又會罰跪……」

「明天再說。這幾天生意不好，你哥哥姊姊也還沒繳錢，」父親揮揮手，轉身背向這個小女兒，他的眼鏡鐘錶生意起起落落，一家八口人要養，六個孩子吃飯上學的開支實在太沉重。

這是唐富美哀求父親的第五天，最後她死了心去上學。

第一堂課開始沒多久，老師沉下臉，叫她上講台罰跪。淚水已經決堤，但是七歲的孩子不敢哭出聲，只是不斷啜泣。唐富美回憶：「小學時，對家的印象就是一個字：窮。」

她出生在彰化八卦山下，當時四周還是一片農田。父親為了生計，離開老家到彰化車站租騎樓擺攤，賣鋼筆、鐘錶，克勤克儉，後來租下半家店面做小生意，家人跟著從鄉下搬到市區。

一家八口和另一家人同住，十四個人擠在店面二樓生活，衛浴、廚房在屋後的簡陋鐵棚，冬天時，寒風穿進半露天的浴室，幾個孩子總是邊洗澡邊發抖。

唐富美彷彿墜入另一個世界，開始經歷生活的現實。她進入車站附近的彰化市民生國小念書，那是一所成立於日治時代的學校，周圍環境已經蓬勃發展，同學、鄰居都穿著光鮮，「而我是鄉下來的窮孩子，學費總是繳不出來，永遠在挨老師的罵。」

老師不喜歡唐富美的另一個原因，是嫌她制服不夠乾淨。唐富美坦言，相較於其他同學的潔白鮮亮，「我看起來髒兮兮的。」

每個孩子都值得被溫柔對待

為了貼補家計，富有美感的母親接下服裝工廠委託的繡花工作，慢慢的，終於能夠租下一整間房子。

二樓臥室一整片榻榻米，白天就是母親的工作室，「我們睡覺時她還在忙，我們起床時她已經在工作，我常常忍不住想：媽媽到底有沒有睡？」在唐富美的記憶裡，媽媽的被褥彷彿從來不曾打開。

媽媽太忙，孩子們必須學著做飯、洗衣，照顧自己，就連最年幼的唐富美也是如此。兩個姊姊唐登美、唐由美記憶中的么妹從小倔強，不肯讓人餵飯，小學制服一定要自己洗，「就是個不服輸、不妥協的孩子。」

然而，唐富美再怎麼努力，制服不是洗不乾淨，就是忘了洗，因而經常被老師嫌棄。事隔逾半世紀，姊姊想起那個總是被老師貼標籤的小妹，依然心疼。

家境差、服儀不佳，再加上考試分數不理想、作業成績總是拿丙，罰跪是家常便飯。她成為一個畏縮沒自信的孩子。

「我最深的印象，就是孤伶伶跪在講台上掉眼淚，」成年後的唐富美回憶。

所幸上天沒有忘記這株柔弱的小草，升上三年級，她的求學路上吹來第一道暖風。三、四年級的班導林玲容是媽媽型的好老師，開學沒多久就到唐家做家庭訪問，了解情況後，全心想幫助這個無助卻有著濃濃學習渴望的女孩。林玲容安排唐富美坐在全班成績最好、家境最佳的女同學旁邊，要求她：「你就學她，把字寫得跟她一樣。」

唐富美一開始很害怕，不停搖頭：「她都是甲上，我哪有可能？」林玲容不斷鼓勵這個羞怯的孩子：「你可以的，試試看。」

唐富美雖沒自信但很聽話，盯著同學的字，她握筆一再苦練，一次寫不好，那就寫三次、五次、十次，到後來不管哪位同學坐在她旁邊，她的字都和那位同學一樣好。

兩年下來，唐富美的字愈寫愈漂亮，作業簿上大大的「甲上」為她帶來自信，成績快速進步。

脫胎換骨的小女孩開始有了好朋友，下課後常有同學找她一起玩。

放學路上，她常和同學繞去「有錢人家」周圍探索。有一次經過一戶人家，看見牆內伸出來的蓮霧樹結實纍纍，幾個小孩忍不住翻牆爬到樹上去摘。

沒想到，男主人突然從屋內走到庭院，幾個孩子一哄而散，獨留嚇得臉色發白的唐富美在牆上。

然而，牆下的叔叔沒有一句責罵，只拉著她小心翼翼的下來，輕聲叮嚀：「這樣太危險了，以後不要再做。」說完，還塞了幾顆成熟的蓮霧讓她帶回去。

二十多年後，當她創辦了四季藝術幼兒園，時常想起這位溫柔的叔叔，「他教會我：**大人對孩子的善意很重要，如何對待犯錯的孩子，會影響他們的一生。**」

開放但不放縱的老師

升上五年級的唐富美進入科學實驗班，碰上非常另類的班導王吉尾，學校生活出現翻天覆地的變化。

幾乎每天第一堂的上課鈴聲響起，王吉尾不急著要大家翻開課本，而是打開教室的大門，帶全班去盪鞦韆、吊單槓，興奮的孩子們衝過跑道、跨過大草皮，爬上操場另一頭的巨大地球儀。

別班的孩子靜靜坐在教室裡聽課，唯獨這班小女生滿場跑跳，陽光映照著她們身上的汗水，嬉笑聲迴盪在空氣裡，整個校園都是她們的天地。

二十分鐘後，玩耍結束，王吉尾帶她們回到教室。當他拿起粉筆，五十位孩子已將興奮的心情收拾妥當，打開課本，專注聽講。

這是她們和老師的約定。唐富美說，如果上課不認真或有一個同學的考試沒達標，隔天全班就會被取消這段美好時光。

從來不打人也不罵人的王吉尾，教導孩子學會對自己負責，更認清努力用功的意義和價值。

用新心情面對人生

上課之外，王吉尾還帶全班養動植物，水裡的、土裡的都有，交給學生很多責任。教室窗邊有一排水族箱，學生每天觀察實驗、記錄操作，還要定期清洗、換水，是外賓前來教學觀摩的示範。

王吉尾還爭取在校園設立小型動物園和魚池，同樣由科學實驗班負責照顧，從小雞、

小學時期的班導師王吉尾（第三排右），為孩子打開學習的新世界，更鼓勵唐富美（第一排左二）參加演講比賽，幫助她克服膽怯，走出不同人生。

小鴨、小羊、小兔到小魚、水生植物……，忙得不得了。

「別人在室內上課，我們五十幾個小女孩，穿著黑色短褲，趴在魚池裡拚命刷洗，給小魚一個清澈乾淨的池塘，」事隔這麼多年後，唐富美還是記憶猶新。

每天的學校生活總在歡欣與認真中開始，這群女孩在動物園和魚池邊學會觀察和記錄、懂得動手實做和動腦研究，也了解如何有效率的合作和分工。

王吉尾不只是為唐富美打開學習的新世界，另外一個關鍵影響是，翻轉她曾經的退縮與膽怯。

唐富美的國語咬字和發音不錯，王吉尾要她參加演講社，加強練習，準備參加每學期的演講比賽。她從小內向，一上台就慌，所以非常抗拒。

王吉尾卻不死心，每週叫她去練習、每學期比賽指派她代表參賽，即使從來未得名，他也沒有發出半句責備。

面對不斷的挫敗，十一歲的小女生起初對老師很氣憤。但慢慢的，她發現自己開始進步，上台前不再心跳加速，演講時也不再發抖結巴，最後，已經能夠四平八穩的完成五分鐘演講。

「講台，再也不是一個只會讓我罰跪啜泣的地方了，」唐富美走出童年陰影，以新的心情面對人生。

2 主動找方法的孩子

唐富美的學校生涯漸入佳境，但家裡的經濟依舊困難。父親的生意雖有起色，但被親戚幾度倒債，媽媽因此從手繡轉做車繡，擴大家庭代工規模。

唐富美放學後顧店，晚上十點店門一關，又和家人一起幫忙繡工，直到夜闌人靜。國中時期，唐富美總是凌晨一、兩點才能睡，早上起不了床，上學時常遲到。

為了不影響班級秩序分數，她決定改到一樓店面的天花板夾層、僅一百公分高的空間裡生活，讓同學一早經過店面時敲鐵門，叫她起床上學。解決了問題的小女生，從此在夾層中讀書、寫功課、睡覺，沒有抱怨。

放學之後，唐富美也幫媽媽跑腿當「業務」，四處收貨。她說，媽媽因為繡花圖案設計得漂亮，很受廠商好評，訂單應接不暇，於是發包給附近的眷村媽媽做。小女生常常騎單車去眷村拜託各位媽媽準時交貨，遇到拖拖拉拉的，她就笑著說好話，直誇對方的手藝好。每個媽媽都喜歡她，一看到她就說：「富美好乖，我的貨馬上給你。」

其實，忙碌沉默的媽媽從沒教過唐富美如何收貨，但小小年紀的她不但不抗拒，更自己摸索著如何完成任務。

從小就敢向陌生人求助

二姊唐由美也說，國中時期，她和小妹輪流帶著繡好的衣服去成衣加工廠交貨。她們要先提著衣服上客運，再下車扛到工廠，因為貨品實在太重，姊妹倆都會想盡辦法找路人幫忙，「沒有人教我們，但碰到困難，就是敢開口向陌生人求助。」

在姊姊印象中，唐富美是「最會想辦法克服困難的小妹」。唐由美回憶說，小妹有一次獨自送貨去台中清水，不小心耽擱了時間，交完貨已錯過最後一班回家的客運，她沒有錢坐計程車，也不想麻煩家人，竟然跑到工廠附近的憲兵隊開口求助：「你們有沒有人要回去彰化？可以順路載我嗎？」

那天晚上，當軍用吉普車開到唐家門前，十四歲的唐富美笑嘻嘻下車時，父母和哥哥、姊姊驚訝到下巴快掉下來：「這個小妹真的很勇敢，很會想辦法！」

在家裡看店也一樣。爸爸雖然把部分商品擺放在騎樓，但經常一天也賣不出半個，唐富美發現，路人很少特別往內看。於是她走出騎樓，主動上前向路人介紹每支筆和錶的功能，很快就賣出去了。

逢年過節，她則和姊姊去八卦山下擺攤，主動向熱鬧的遊客推銷，多賺一點收入。

當時別人家的孩子都在歡度假期，但小女生不羨慕也不抱怨，更不去想是否丟臉、尷尬，心裡只有一個念頭：「趕快賣光，我就可以去玩。」

好老師是孩子的貴人

從童年到少女，唐富美始終認為「爸爸要我們工作是天經地義的」，她沒有想太多，也不曾抗拒，但上了國中，一位老師看見她的困境，向她的青春伸出援手。

國中一年級的班導羅清瑩，在家庭訪問時苦勸唐爸爸：「不能這樣一直要求孩子工作，假日要讓他們出去玩。」

羅清瑩非常關心唐富美，刻意選在週末舉辦籃球活動，找她和幾位同學去學校練球。有時父親不讓唐富美去，同學在店外偷偷朝她招手，無奈的她一聲也不敢吭，這時羅清瑩又會上門對唐爸爸「曉以大義」。

羅清瑩的堅持，為唐富美找回屬於青春的時光，球場上的奔騰跑跳，讓她盡情享受前所未有的汗水與自我。即使後來國二換了導師，羅清瑩對唐富美的關懷依然不減，每週日

在國中導師羅清瑩（左三）的教導下，唐富美（左二）建立樂觀、勇敢的性格，更結交了一群好朋友。

上午還是找她和同學去練球。

如今想起這位老師，唐富美彷彿回到十四、五歲的女孩。她說，湖南籍的羅清瑩鄉音很重，圓圓臉上隨時帶著慈祥的笑，他在球場邊的身影，還有那湖南腔的聲聲「加油」，永遠是她少女時代最美好的記憶。

「你們永遠是我的學生，」羅清瑩曾這樣告訴唐富美和同學，當這群孩子畢業後、北上念大學或工作，羅清瑩仍然持續關懷她們，甚至親自去探望。當羅清瑩生日時，這群學生都會齊聚為他慶生，唐富美也因此有了一群持續聯繫的國中摯友。

「我常常想，我是一個出生在經濟底層的孩子，貧窮、成績不好、沒自信，還曾被老師歧視，為什麼沒有學壞？」唐富美輕聲回憶，從小學到國中，日子雖然辛苦，但何其幸運有那麼多溫暖與善意，不斷有好的老師接住她。

「**好的老師，就是孩子生命中的貴人，**」唐富美非常確信，正是因為林玲容、王吉尾、羅清瑩陸續走進她的生命，帶領她成長為樂觀又有勇氣的孩子，奠定她正向美好的性格底蘊。

3 人可以為自己做決定

童年的成長經驗，讓唐富美清楚知道自己的起跑點比不上同儕，也常覺得自己能力不足、不夠聰明，所以她更用心於提升自我。

「我要怎麼加強，才能更好？」是她無時無刻對自己的提醒。

在書本中看見夢想

國中畢業，唐富美遇到新的難題——父親不肯讓她升學。他認為女孩子完成九年義務教育就足夠，之後應該全力幫家裡增加經濟來源。

父親有著傳統長輩的保守與威權心態，認為讀書無用，兩個姊姊不敢違抗，但唐富美有自己的想法，她不再當唯命是從的女兒，堅持要上高中。

這份覺醒來自於書籍。

一九六〇年代的台灣，租書店興起，兩個姊姊經常透過租或借，把許多小說帶回家，念小學的唐富美跟著姊姊，看得津津有味。

上了國中後，看書更成為唐富美最大的心靈慰藉。她常緊抓工作與上學之間的一點空檔，蹲在租書店牆角翻閱，假裝找書，趕在「找書三十分鐘內免費」的時限裡，火速讀過一個又一個故事。

她讀了不少國內外小說和經典文學，例如《煙雨濛濛》、《紅樓夢》、《咆哮山莊》、《飄》、《白鯨記》。書中主角飽受困頓但依然奮力爭取人生，帶給她極大震撼：「**人原來可以為自己做決定，人生更可以自己去爭取、去改變。**」

她把握父親心情好的時候，不斷向他哀求要升高中，絲毫不肯放棄，加上母親、姊姊的支持，父親終於讓步，但只同意唐富美讀公立高職夜間部，一來學費少，二來白天可以工作賺錢。

唐富美進入彰化高商夜間部，青春女孩原本應該明亮歡樂，她卻滿含自卑。

彰商位在八卦山上，每天傍晚上學，她推著單車上坡，夕陽下，迎面而來的全是日間部放學的學生，其中不乏國中時的好友。

聽著他們嘻笑的聲音，唐富美默默走過，「我的頭抬不起來，明明我國中成績不比別人差，為什麼只能讀夜校？」

尋找突破命運的路徑

為了消除這份鬱悶感，十六歲的女孩想到方法，再次突破命運的路徑。她申請學校的工讀，每天下午提早到辦公室幫教職員處理雜務，除了增加收入之外，也不必再面對上學的窘境。

辦公室教官對這個積極的學生照顧有加，還介紹她申請台灣銀行的工讀生職務。

唐富美在台銀做了一年的行政助理，舉凡記帳、寫單、跑腿，每件工作都做得又勤快又好。銀行的叔叔、阿姨很喜歡她，三不五時拿點心零食給她，甚至主動去她家買鋼筆、手錶。

「那是一個溫暖的時代，叔叔阿姨們很疼惜我這種勤奮又嘴甜的小女孩，」唐富美回憶，在台銀的日子，深深感受到大人們的善意與疼愛。

只是當她回到家，經常面對的，只有孤單無助。

當時，二哥對於父親老是被親戚借錢倒債，迫使全家再怎麼努力仍然經濟困窘的狀態，感到不滿，時常和父親激烈大吵，幾天不回家。

好幾回衝突後，父親無精打采的躺在床上，甚至兩、三天不吃不喝，喃喃說著要去死。望著失去生活意志的父親，唐富美心裡滿是害怕與無助，不知道這樣的惡夢還要持續多久？

母親和兩個姊姊因為工作不在唐富美身邊，沒有人能安撫甚至幫助這個小妹。許多夜裡，她只能蒙著被子流淚，絕望到看不見窗外的星星。

正能量是一種魔法

日復一日的悲傷，無人可解，唐富美不斷問自己該怎麼辦。微曦的天色裡，她打開書本，一本接一本的讀。

看著書裡一個個主角孤身奮戰不放棄，她彷彿有一點懂了，一股無法形容的力量在心中冉冉升起。

她開始明白，父親和哥哥不可能改變，唯有依靠自己的力量來挽救這個家。因此，她擦乾淚水，站在父親床邊，大聲喊著：「爸，你起來！你還有我這個女兒，我會幫你撐起這個家……」

十七歲的她，同時在心中告訴自己，對這個家有不可逃避的責任。

此後每一天，她更認真看店、招呼生意，有空就陪父親聊天，並且承諾自己有一天要走出貧困，翻轉未來。

幾乎同一段時間，在學校，唐富美也陷入苦悶的深淵。

這個因家庭重擔而愁苦的少女，交不到朋友。唯一走得近的同學，是一個成天向她訴苦的女孩。

有一天下課後，兩個女孩在走廊上聊天，愛抱怨的同學再度唉聲嘆氣，唐富美想起家裡，忍不住也想訴苦。但一剎那間，她看著同學下垂的嘴角、灰澀的眼神，猛然驚覺：「別人眼裡，我是不是也是這個樣子？」

她望向走廊另一頭，那個永遠笑臉迎人、人緣極佳的班代，身邊圍著三、四個同樣笑靨燦燦的女孩，一道火光閃過唐富美心頭。她發現，班代總是用微笑面對每一件事，充滿陽光，那樣的正能量就像魔法，讓人人都想接近她。

渴望友情的唐富美終於看見自己的問題，也漸漸體悟，負面情緒要自行冷靜打理，不能以此向世界追討公道。因此，她強迫自己保持笑容，即使難過掉淚，轉過身，也要用歡顏面對世界。她一天比一天進步，很快的，微笑變成習慣，同學開始主動接近她。

多年後，唐富美回想這段覺醒的歷程：「剛開始改變時的確很困難、很不習慣，但我告訴自己，習慣就是不習慣的累積，我就是要成為帶來正能量的人。」

這場蛻變，深刻影響唐富美的人生，促使她往後每次遇到困難，總會立下目標，以願景激勵自己前進。同時她也認識到，**生命的正能量是美好的循環，讓人與人互相牽引，一起走向陽光**。

這份信念在她後來創立四季藝術幼兒園後，成為經營管理上的重要養分，當園內數百位伙伴面對任何困境時，總是相互鼓勵、引導，帶領彼此走出幽谷。

我們做到了

正能量逐漸在唐富美的身上抽芽茁壯，激發出她的強韌鬥志，開始為自己和同學爭取權益。

新學期開始沒多久，她走進夜間部主任辦公室，要求組隊參加兩個月後的運動會啦啦隊比賽，因為她認為夜間部的同學也有參加的權利。主任反問她：「你們夜間部學生白天都在工作，怎麼組隊？」

「我一定會找出辦法，」唐富美不死心，堅決的回答。

接下來幾天，她到夜間部每一班去遊說，說明為什麼要參賽、如何組織啦啦隊。有些人不認同，甚至說她異想天開。

但唐富美不在乎別人怎麼想。她知道，「先鋒」一開始必定寂寞，甚至被視為瘋子，「人生就是要去試，一次不行，就試第二次、第三次，我們要勇敢去爭取，讓夜間部的人生不一樣。」

一個月後，夜間部啦啦隊成軍，二十多個隊員犧牲白天的打工，每天提早到校，迎著夕陽餘暉，苦練再苦練。

運動會當天，校史上第一支夜間部啦啦隊贏得總錦標，身為隊長的唐富美和隊員哭成一團：「我們做到了！」

考大學 是我唯一的路

唐富美為自己奮戰的信念，快速滋長。

升上高三，唐富美到工廠當大夜班的繡花女工。為了在緊湊的生活中爭取片刻的學習機會，她把書本放在自動繡花的機台上，只要裝上繡花片並啟動機器，她就開始讀書。一點一滴累積下來，唐富美不但畢業考成績不錯，更在畢業典禮上拿到第六名的獎狀。

高職三年，她腦中對未來的想像愈來愈清楚。

那時她常看著同學進入工廠做工，再隔一段時間相見，已是菜市場裡背著嬰兒的勞碌婦人。唐富美很感慨：「我們才十八、十九歲，一生就要在菜市場和工廠裡度過嗎？我絕對不要。」

她不想永遠被困在家中無止境的工作，她要脫離社會底層，開創不一樣的人生。而唯一能走出去的方法，就是上大學。

再一次，在家人支持下，她花了一年半時間說服父親，直到聯考前四個月，父親終於

高職時期，總是充滿正能量的唐富美（上圖第一排左一和下圖）積極投入社團活動，並向學校爭取成立夜間部啦啦隊，進而贏得總錦標。

讓步，唐富美立刻衝去補習班報名。

雖然高商學歷的她，對英文、數學等綜合科目很生疏，仍不肯報考技職體系的二專科大，堅持要考綜合大學。為了完成目標，唐富美再次展現解決問題的能力。

她很清楚自己要解決的是「如何考上」，而非「做學問」。她先訂下計畫，專攻自己擅長的史地國文，放棄數學最難的第五、六冊，只求拿到低標，至於最不擅長的英文，短短數月不可能突飛猛進，所以也不必浪費太多時間苦讀。

那年夏天，唐富美考上逢甲大學會計學系夜間部，成為家裡第一個大學生。她站上人生的嶄新起跑點，也展現出永不放棄的精神，**只要願意為自己負責，尋找方法突破困境，終能開啟更好的人生篇章**。

4 學習是一輩子的事

逢甲大學五年，唐富美展開全新的人生。

她離家到台中租屋，跟同學投入文化服務營隊，暑假下鄉為老人辦文康和衛教活動、幫小孩課輔。一群窮學生就睡在小學教室的課桌椅上，雖然簡陋，但她心裡無比豐盈。

一九八四年，台灣解嚴前夕，民主自由的思想正在萌芽。大二的唐富美開始大量閱讀政治、經濟的評論與書刊，柏楊的《醜陋的中國人》、龍應台的《野火集》，以及《文星》、《人間》等刊物，為她帶來思想的重要啟蒙。

她思索著更深層的社會、人權、性別等議題，渴望公平正義的實現，追求台灣的革新和改變。

但是，即使青春正熱血，唐富美也沒有被沖昏頭而走向激進，「我很清楚要加倍充實自己，才有力量去改造社會和人群。」於是她參加辯論社，跟著學長姊讀社論、背社論，一篇接著一篇，在深刻反覆的思辨過程裡，培養自己的觀點，更學會蒐集數據，展開論述，建立扎實的理論基礎和挑戰威權的骨氣。

不一樣的夜間部新鮮人

同學眼裡，也看見唐富美的不一樣。

住商實業副總經理陰麗玲，是唐富美在逢甲會計系的同班同學。她最難忘剛進大學時，第一次班會要選班代，同學們還在互相觀望，「富美第一個舉手，大聲說她要選。大家都覺得這個女生太不一樣了！」

相熟之後，同學也發現唐富美的不妥協。

陰麗玲說，當時系上活動以日間部為主，但唐富美堅持夜間部應該被公平對待。例如：逢甲的全校系所辯論比賽，以前只有日間部學生參加，唐富美卻找上會計系學會，要求他們到夜間部徵選參賽代表，強調「這是夜間部的權利」。

後來，陰麗玲和唐富美一起入選系代表隊。全隊五個人中，其他三人是日間部，少數人需要配合多數人，她們只好利用深夜下課的時間練習，唐富美更是寧願犧牲休息也要練到最好。後來，她還代表系上，拿到全校即席演講比賽冠軍。

唐富美回憶大學時期，身上某種緊箍咒彷彿被解除，再也沒有以前的自卑感，更不認為夜間部比不上日間部，「我們只是上課時間不一樣而已。」

勇敢挑戰不合理

自信，加上自由思想的啟蒙，她勇於挑戰一切的不公平與不合理。

有一年的審計學課，老師廖德英使用英文講課，考試採用全英文的試卷，讓學生苦不堪言。

廖德英認為審計的用字遣詞必須嚴謹，非用原文不可。於是，唐富美蒐集資料，找到一篇社論，文中提及「如果美國的研究所用俄語上課，是否能成為強國？」以此觀點在課堂上反駁老師，強調學以致用，「我們既然是在台灣當會計師，就該用自己的語言。」不久後的審計學考試，廖德英換成中文試卷。

這件事讓唐富美很開心，更堅信：「**遇到不合理的事，先設想幾種情形，準備好因應方法再去挑戰，成功的機會就很大。**」

大三，唐富美報名參選會計系學會會長。同樣的，她再度面臨逢甲長久以來的「潛規則」——只限日間部參選。但她哪裡肯退，依然到各年級日夜間部去拉票、談政見，結果拿下最高票，卻因為系學會的堅持，她只能擔任副會長。

唐富美的勇往直前，同學、師長看在眼裡，一向欣賞她的中級會計學老師呂惠民，從此總是笑咪咪的叫她「會長」，鼓勵她：「我就認定你是會長，你要好好表現。」

從會計金融到文學　最熱情的學習者

二十歲初頭的日子，飛揚自在，浩瀚的大學教育開啟了唐富美的視野和思想深度。

唐富美記得，當時的系主任龔百魁，要求學生在教科書之外也得閱讀財稅金融刊物，舉凡《經濟日報》、《稅務旬刊》、《會計人》雜誌都是必讀、必考。唐富美每天都買一份《經濟日報》，剪下重大評論與社論，每當大考前夕，同學全擠在她房間看剪報。

「富美是善良又熱情的班代，做任何事都很認真，我們看社論都是走馬看花，但她天天讀，還幫大家畫重點、做剪報，厚厚一大本……」陰麗玲回憶說。

除了商學院的相關書籍，唐富美還迷上文學。

最初是喜歡中國古典文學，一有空，她就埋在《詩經》、唐詩宋詞中，鑽研到半夜。

後來某一次國文課的報告，唐富美以作家蕭麗紅的書《千江有水千江月》為主題做分析，受到老師很大的肯定，她開始沉迷於現代文學，時常到書店大量閱讀台灣作家的著作，並且練習寫詩和散文，甚至把跟當兵學長的通信當成練習文筆的機會，樂此不疲。

大學奠定了唐富美對知識的熱情，縱使曾因投入活動、太少回家，被父親斷了金援，

唐富美在就讀逢甲大學會計系期間，參與文化服務營隊、廣泛閱讀書報雜誌，開啟了視野和思想的深度。

生活拮据，她仍然願意把僅有的餐費拿去買書報雜誌，投資自己。這樣的精神，促使她後來在創辦四季藝術的路上，總是不間斷的進修幼教和企業管理相關知識。

「因為，**讀書絕對是一輩子的事**，」唐富美很肯定。從趴在榻榻米上看小說的女孩，到幼兒園創辦人，這份信念，數十年不變。

看見藝術的魔力

逢甲的學習與生活歷程，讓唐富美快速蛻變，她對大學不再抱持少女時期的夢幻想像，而是朝著目標，踏踏實實的實踐。

唐富美在社團認識了建築系學弟，引發對建築與設計的好奇。小時候的唐富美，經常看著媽媽設計繡花圖案，那些絢麗的色彩和構圖深深吸引她，如今加上新的動機，她忍不住去旁聽基本設計課。

沒想到，一聽成迷，那是她鮮少接觸的美學領域，原來線條、色彩、空間、光線、素材，結合人的創意，可以創造出全然不同的世界，她從此迷上設計與繪畫。每當建築系同學、學弟趕工做設計圖與模型時，她最愛在旁「槍圖」，即一邊協助製作，同時跟著學畫圖、練上色，別人眼中繁複沉重的作業，她卻無比沉醉。

有一次，她又徹夜待在建築系系館幫同學趕作業，完工後走出系館，才發現天色已經微明。唐富美揉揉眼睛，心裡很驚訝：「我是不是瘋了？我明明是會計系的，怎麼會如此投入建築作業！」

藝術衝撞出的火花，為生命帶來無限風景，是這份美好讓她廢寢忘食，不覺日夜。

清晨的微風吹著，建築與設計在她心中激起的波瀾，仍然在擴散，一個新的目標悄然成形。

第 2 部

我來！

從學校、職場、家庭到創業，

無論面臨挑戰或機會，

唐富美總以行動回應生命的召喚。

「我來」，

不僅改變了她的人生，

也為台灣幼教界埋下創新的種子。

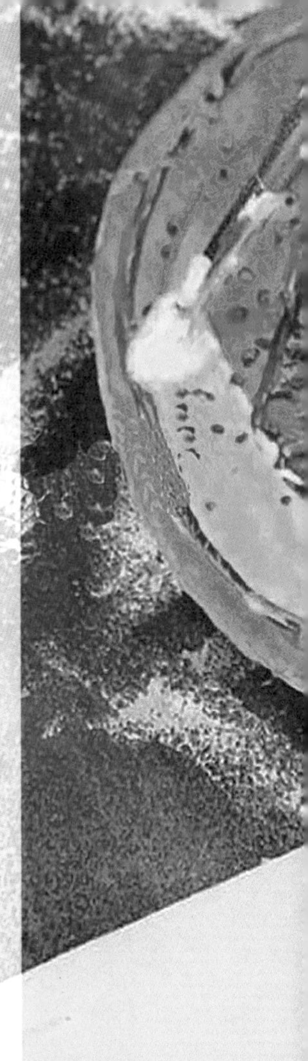

1 站上追夢的起點

唐富美的大學生活很忙碌。

「我要做的事，很多，」唐富美擁有強大的熱情，積極爭取一切可以淬礪自我的機會。第一個夢想，是藝術。

她和同學合租一棟三層樓的老公寓，房子位在長長的斜坡巷子底端。因為屋前常積滿灰塵，幾個年輕人為它取名「落塵軒」，在這裡打造青春的詩意。

唐富美的房間原本是廚房，她重新設計，將破舊的瓷磚、流理台和櫥櫃刷上油漆，貼上包著粉彩紙的保麗龍板，保麗龍板上以乾燥植物裝飾，儼然成為藝術創作，再用手製竹簾、紙燈隔出書房與寢室，布置出喝茶、讀書的小角落，滿室禪意，是老同學眼中「四十年前的文青」。

「物質條件可以簡單，但美感不能缺席，」唐富美堅持。

後來她又租過另一間小屋，取名「采南居」，源自陶淵明的詩「採菊東籬下，悠然見南山」。屋裡的家具、地板、牆壁和家用品，全是深深淺淺的藍色，她曾經走遍逢甲附近的大街小巷，尋找藍色的臉盆，只為了實現心中所建構的風格之美。

陰麗玲是落塵軒的室友。她說，那時幾個女同學一起幫建築系同學槍圖，其他人做完就結束，唐富美卻進一步去建築系旁聽，同時開始涉獵相關的室內設計課程。

唐富美不僅學素描，還跟著建築系同學外出攝影，室友看到她的作品都感到驚訝。但是在陰麗玲看來，這就是唐富美一貫的態度，「她的學習一定要有收穫，絕不是一時興起隨便玩玩。」

十通電話爭取面試

唐富美學得興致勃勃，為系上老師的新家畫了室內設計圖，老師很滿意，甚至介紹朋友的案子給她。幾次經驗之後，唐富美希望獲得更多成長，決心前進職場磨練。

大三這一年，她進入台中一家小型室內設計事務所當助理，從畫線條、跑工地做起。升上大四，她為自己設定更大的目標——挑戰大公司。

可是，大公司願意接受一位沒有本科學歷的學生嗎？

連同學知道了，都覺得唐富美只是隨便講講罷了。陰麗玲說，同學大多白天在會計師事務所工作，聽到唐富美要去應徵室內設計工作時，只當她「又在做夢了」。

不過，唐富美絕對是玩真的。

她打電話到當時台中最大的室內設計公司爭取面試，但對方一聽到是夜間部會計系的在學學生，馬上拒絕。

唐富美不放棄，一直打電話，連續十通之後，另一端終於響起老闆的聲音。她抓住機會說明自己的經驗和想法，再三強調：「不見我，你會後悔！」這份積極、熱情打動了對方。掛掉電話，唐富美立刻趕去面試，當場就被錄取。

進公司後，唐富美對工作來者不拒，包括估價、抓預算、喬工班、跟客戶溝通等，別人不想做的項目她都搶著做。

「如果別人一天工作八小時，我就要做十二、甚至十六小時，加班是家常便飯，」唐富美高職畢業後兩年才上大學，夜間部又要比日間部多念一年，她認為自己的職場起跑點已經比別人晚了三年，當然必須更努力才能趕上。

從大四到大五，短短兩年，唐富美從助理設計師做到了設計部主任，二十五歲的年輕女孩，手下管理近十位設計師。

「富美永遠不會滿足現狀，一直追求更好的人生，用現在的語言來說，就是勇於走出舒適圈，」陰麗玲下了結論。現代人的成功關鍵字，唐富美上個世紀已經實踐。

投身企劃工作　背水一戰

一九八八年，唐富美大學畢業，到台北的室內設計公司擔任設計師。她知道自己非科班出身，必須不斷進修，因此只要有空，她就去看畫展、閱讀《雄獅美術》和《藝術家》雜誌等，提升美感。八〇年代台北東區忠孝東路上著名的畫廊，全留下她的足跡。

她的設計受到老闆和客戶肯定，可惜因為長時間站立畫圖，唐富美的脊椎嚴重側彎，痛到夜不能眠。

唐富美知道，長期如此健康將不堪負荷，必須轉行，但是工作也不能隨便換。她詳讀財經管理刊物與報紙，列出台灣未來二十大熱門行業，進一步分析自己的條件，以及想要的生活，最後決定：進五百人以上的大公司擔任企劃職務。

當時台灣知名的工具機公司「友嘉實業」，提供她會計職務。但總經理了解她對企劃工作的熱情之後，答應了：「如果你找到同學來接會計工作，我就讓你做企劃。」

唐富美非常開心，不到半個月，就說服家在高雄的陰麗玲北上，接下友嘉的會計工作。唐富美順利轉任，並且在心中悄悄設定目標——總經理室企劃，因為她認為跟著老闆能學到最多。

在新人訓練課程中，唐富美發現，同梯新人多數擁有國外碩、博士學歷或重機產業相關的學經歷。她再度看見自己的不足，但絕不自暴自棄：「我是鄉下來的菜鳥，學經歷不

在友嘉實業擔任總經理室企劃助理的經歷，讓唐富美（左）提升企劃和設計實力，更成為創立四季藝術的基礎。右為友嘉實業集團總裁朱志洋。

好，沒有背景，起步又比別人晚，必須用對策略才能進總經理室。」

上課時，她認真做筆記；下課後，其他新人喝咖啡聊天，唐富美卻主動尋找每位教課的主管，和他們分享自己的心得、請教疑問，希望給主管們留下好印象。一無所有的她很清楚，這是突圍的唯一機會。

新訓結束後兩週，唐富美如願進入總經理室擔任企劃助理。

那時友嘉營運良好，因為不斷擴大規模而需要調整辦公空間，唐富美再度把握機會，毛遂自薦參與室內設計。主管交付的任務，她一定做好才離開，天天加班到十一點、假日也去公司：「我不是能力好，我只是願意花時間。」

她發揮從小到大一貫的精神——**不嫌煩、不怕苦、不叫累，主動攬事做**，因此得以與各部門共事，認識更多主管。

「我來」，不知不覺成為她的習慣，那彷彿也成為一種奮鬥的心法。

一個先天條件不佳的年輕人，在人生戰場，憑著主動積極的精神開疆闢土。不過，除了衝與拚，唐富美也努力學習，提升自己的實力。

機車籃裡的財經雜誌

台北的物價遠比台中、彰化高，企劃助理的月薪不過一萬多元，要付房租、要吃飯、要騎機車加油，扣掉生活開支後剩下的一點點錢，她全部拿去買書、買雜誌。

陰麗玲到友嘉工作後和唐富美住在一起，每天坐她的機車去上班。陰麗玲說，唐富美的車頭籃子裡一定放著幾本財經雜誌，從租屋處到公司，車程不過十多分鐘，「只要一遇到紅燈停下來，不論二十、三十或六十秒，她永遠都是伸手往前拿起雜誌看個兩頁……」

事隔三、四十年，陰麗玲還是忍不住額手直呼：「我認識她大半輩子，她永遠都是這麼拚！」

這樣求知若渴、積極進修的習慣與精神，後來也充分展現在唐富美投身幼教領域的歷程中，進而成為創立四季藝術幼兒園的豐富養分與深厚基礎。

2 用對的策略強化專業

唐富美在友嘉實業工作時，正是公司展開國內外併購的時期，快節奏、快學習、快成長的企業格局與策略，打開了她的視野，也讓她對企業經營有了初步的認識和想像。她決定再度挑戰自我，轉換跑道。

這一次，她把目標鎖定在服務業。一九八九年的台灣，房屋仲介業快速興起，唐富美對這個行業的運作方式很好奇，於是加入信義房屋當業務員。

從重機產業轉戰房仲，從企劃變成業務，唐富美沒有畏懼。面對陌生的工作領域，她一樣先擬定策略，然後找方法。

唐富美在台北信義區安和店任職。那時台灣的股市、房市正在起飛，她把自己的業務目標鎖定在銷售豪宅，而非小資族或上班族的公寓華廈。

她解釋，一來是因為高價房子的買賣佣金比較高，另一個關鍵原因是：「這樣才有機會接近大老闆，從他們身上學習。」唐富美做室內設計時，不少業主是企業老闆，他們的視野高遠，在互動中時常帶給她深刻的啟發。

做個有內涵的業務員

唐富美評估，自己在室內設計領域所具備的專業、美感與品味，足以勝任與豪宅客戶間的溝通與說服。

除了過往累積的優勢，唐富美在許多方面都下了苦功。

當時沒有電腦和智慧型手機，唐富美逐筆記錄客戶的基本資訊、重要談話與活動，整理成資料卡，做為進一步交流的基礎，「例如當客戶提到家人時，我就會跟他聊家庭，進而理解他完整的需要、個性、喜好。」

那時候，信義房屋希望業務員一天至少打十通電話給自己的客戶，但唐富美自我要求嚴格，總會打上三、四十通才結束。

不工作的時候，唐富美拿出大學時期背社論的精神，關在房間內認真研讀各種財經雜誌。她表示：「我要拉近和這些豪宅客戶的距離，唯一的方法就是充實自己，做一個有內涵的業務員。」

帶客戶看房的路上，她侃侃而談財經局勢，從投資角度和經濟趨勢，為對方分析買賣策略。這種專業贏得客戶的肯定和信任，唐富美快速建立起口碑，有些企業主客戶甚至把同儕、朋友介紹給這位年輕的業務員。

到職的第一個月，唐富美的業績就創下全台公司排行第一名。

打造更美好的未來

唐富美的業績受到肯定，成為儲備主管，又被安排到總部受訓三個月。信義房屋的教育訓練豐富扎實，每個月會邀請各區業務高手與主管分享專業經驗。唐富美緊抓這些機會，像海綿般全力吸收。

「信義房屋當時有完整的培訓制度，包括業務、公關、代書、鑑價和設計等，非常珍貴，成為我一生重要的資產，」唐富美充滿感激，後來她為四季藝術打造的師資培訓制度，正是運用了信義房屋的培訓經驗。

這份工作，也讓唐富美建立對人的關懷，形塑了珍貴的價值觀。她說，做房屋仲介，用誠信為客人找到好房子，看見他們的喜悅及期望，令她很感動，「那是在成就家的幸福，為屋主打造更好的未來。」

短短九個月，她破紀錄從業務專員升為店長，是全公司第二位女性店長。

兩年後唐富美結婚搬回台中，為信義房屋扛下新的重責大任。那時信義房屋在台中展店到三家就難以成長，亟需建立中區的總部幕僚系統，加快展店速度。她從零開始，找地點、設計、發包、監工、攬才、員工訓練、開店拓展，打拚了兩年多，為信義房屋建立起台中的灘頭堡。

這時期，台中建築業蓬勃發展，以龍井「理想國」社區為基地，大批年輕建築師和設計師投入熱情，自行創業，希望翻轉台灣的建築設計。

大量業主與懷抱理想的建築師合作，他們經常相聚一堂，徹夜暢談建築、理念、生活哲學。這段建築人互動激盪的浪漫歲月，也造就台中後來成為台灣建築理想與品質代表的輝煌時代。

在台中打造夢想

唐富美的先生黃文彬畢業於成大建築研究所，被「理想國」聘回台中，後來也自行創業，投入建築設計領域。

「浪漫的靈魂一直呼喚我們，台中可以實現我們的夢想，」唐富美全力支持先生的決定，運用以前的職場經驗，擔起新公司的業務和管理重責。

事業再度從零起步，但是如今她已是信心滿滿的成熟經理人，對前路充滿把握：「**我**

唐富美（左）在信義房屋工作時，快速建立口碑，業績更創下全台公司排行第一名，短短九個月就從業務專員晉升為店長。

從沒想過創業是不是會失敗，因為我相信一定能找出辦法讓它成功。」

果不其然，夫妻兩人經營的事務所，業務蓬勃發展。之後，兩個寶貝兒子睦迪與睦恩陸續出生，育兒室就設在事務所角落的小房間，唐富美忙業務、忙管理，有時還需要出去跑建造執照案件，再趕回辦公室餵奶、換尿布。黃文彬忙碌於會議、設計繪圖、工務，同時在大學建築系任教，也和唐富美互相支援照顧孩子。

唐富美下班後盡量抽時間陪伴孩子。她準備了大量繪本、玩具，引領兒子閱讀、說話、遊戲，希望為孩子的學習、創意與美感，打下最好的基礎。

事業、家庭，一切如預期般穩定前進。不過，誰也沒想到，人生更大的意外與驚喜即將到來。

3 不妥協的媽媽自己來

大兒子黃睦迪三歲時，唐富美精挑細選了一家幼兒園，滿懷期待送他上學，踏上人生新旅程。沒想到，孩子好幾次在幼兒園受傷，甚至學習出現落後，老師都沒發現。

唐富美將兒子轉學到另一所幼兒園。這所學校採用國外的教學方法，也將為老師舉辦的證照課程開放給家長，讓他們了解學校的教育方式。

每週三個晚上、長達一年的課程，好學的唐富美從不缺席。她對幼教很感興趣，卻愈上愈疑惑。這套教學方法講求標準化，從教具設備到操作方式都使用固定模組、規矩和邏輯，孩子要按照相同步驟去倒水、搬椅子；玩積木也是如此，某根圓柱體一定配某塊方形積木的圓孔。學校認為，標準化的教具和規矩，可以培養孩子的專注力、秩序性及動作協調度。

唐富美經常忍不住與老師爭論：「只能如此？」「這樣才對？」一如既往，遇到限制與框架時總要提出挑戰與質疑，在幼教理論的課堂上，唐富美成了「不聽話」的學員。

別的家長看到孩子「好乖、好專心、完成老師的要求」，就感到放心，但是唐富美不一樣。在這位開創自我人生的媽媽心中，孩子就是要發揮創意、累積能力，即使做不好、受挫也沒關係。

三歲的黃睦迪下課後回到家，也常常問媽媽：「為什麼一定要依照標準呢？不能不一樣嗎？」

唐富美開始懷疑自己：是不是再度為兒子選錯學校？孩子在這樣的環境成長，對他的發展好嗎？

一定只能這樣嗎？

有一天，她和黃文彬滿懷期待去參觀幼兒園的作品成果展，看到小朋友用陶土做的三角恐龍，一整排二十幾隻，每隻都做得很好、很可愛……

但是，每個作品都一模一樣！

「我和我先生都快嚇暈了，」唐富美驚魂未定，問老師為何每隻恐龍都一樣，得到的答案是：「這很正常啊！小朋友都照著範本做，這樣才好看。」

原來，所謂的作品，是給孩子一個範例去模仿。唐富美當下沒說話，心裡卻搖了一百次頭。

她愈想愈擔心。台灣的教育重視精準，只有符合標準答案才叫作「正確」，跟別人不一樣就是錯，導致孩子的美感和創造力不斷被抹殺，長此以往，生命也將失去獨特性。

為兒子辦一間學校

唐富美決定，無須再與老師爭論恐龍該長成什麼模樣。從小到大，她不向命運低頭，當無法要求別人改變時，獨自去思考、探索，找方法解決，是她最習慣的一條路。這次也一樣，她要竭盡全力為兒子的教育尋找解方。

唐富美持續研讀幼教書籍、聽講座，去了解各種幼教理論，一九九五年一月，她甚至隨著幼教界朋友的參訪團，來到義大利北部小城瑞吉歐。

瑞吉歐只有十幾萬人口，卻在一九六〇年代發展出前所未有的「瑞吉歐・艾蜜利亞教學法」（The Reggio Emilia Approach）。瑞吉歐教育相信，每個孩子都是獨一無二的、各有表達自我的不同方式，因此在教學上，強調尊重孩子的個別特質，並由孩子擔任學習主導的角色，老師只是從旁輔導。

十多天的行程裡，她把自己當成「幼教界學生」，上午到現場觀摩孩子如何上課，下

一趟瑞吉歐參訪團之旅，讓唐富美（左一）感受到瑞吉歐教育的創意和美感，並萌生創立幼兒園的決心。

午則認真聽課，學習內涵。

接觸愈多，唐富美愈著迷。教室裡有積木區、益智區甚至藝術工作室，孩子們自在的進行各式各樣的創作，老師不會給太多指導，也不會提供範本。

有一天，在藝術工作室的實驗區裡，她看到孩子們嘗試動手製作水車，失敗了，換個方式再試一次，在反覆的摸索、挫折和實驗之後，精美的水車終於誕生。當孩子們把水車放進實驗水池，順利運轉，陣陣轆轤聲響起。

「我聽見全世界最動人的聲音，」唐富美非常感動。那是她的天籟，在混沌多時的幽谷裡，瑞吉歐帶來清晰的跫音，她願意終生追隨。

把美學帶進教育現場

走出校園，整個小城也徹底展現瑞吉歐教育的創意和美感。南歐的冬陽微暖，唐富美漫步在市街上，發現處處散發濃厚的人文氣息，市集裡的蔬果攤擺設繽紛多彩卻和諧，住家窗台的盆栽和窗帘精緻美麗。孩子長期浸淫在這樣的環境中，美已是生活和思考的一部分，這說明了為什麼瑞吉歐孩子製造的水車，除了有實質功能，造型也極具美感。

沉浸藝術、建築與設計領域十多年的唐富美領悟到，美感不是個人具備就好，而是要向下扎根。

她發現，一九九〇年代，歐洲已經展現美學經濟，人才往設計產業移動，「一個經過設計的杯子，售價可以高達一、兩千元。台灣的人才卻統統流向製造業，做毛利三％、四％的代工，沒有創意，只有複製。」

「教育如果不改變，台灣永遠只有代工經濟，」尤其在成為母親之後，她更期盼台灣的孩子能在重視美感的環境中學習與成長。

唐富美的心屢屢受衝擊。參訪行程最後一天，她淚流滿面，相信自己為兒子找到了最棒的教育模式。

回程中，當飛機攀升上天空，唐富美望著窗外默默向瑞吉歐告別，心裡卻燃起了熊熊火焰。她告訴同團的伙伴，回到台灣要為兒子辦一所這樣的學校。

大家一聽全都笑了，幾位幼兒園園長朋友勸她：「現實是很殘酷的，幼教不是你想的那樣，家長不會支持的。」

唐富美笑笑，沒有多說。

雖然從來沒有幼教經驗，但是回顧自己從小到大奮力破關，她非常清楚，這一次，走進新的領域為孩子拚一場，沒有什麼不可能。

回到台灣後，唐富美立刻展開行動，全力打造一所以瑞吉歐教育為核心的幼兒園。她懷著願景，一起步就把四季藝術幼兒園視為終生志業。

多數幼兒園成立時從「家庭式」開始，用自家原有的空間做教室；教職員人數精簡，經常一人身兼教學、行政和總務；招收的學生數只有一、兩班；即使有新建校園，也只是找營造廠直接建造，未請建築師仔細規劃、設計。

但是，唐富美不但請黃文彬親自設計，在校園鋪上天然草皮、種植大樹，還同時開設六個混齡大教室。除了註冊、總務和教學外，她堅持伙伴們進行更細膩的專業分工，例如教學工作設有園長、教學主管、一般老師和專任藝術、體能老師，並且由專職美編來負責校內環境的美化。

大手筆投下人力、物力創業，唐富美毫不猶豫：「我要辦的不是一年、五年的學校，而是五十年、一百年的永續教育。當眼光放遠，決策就會不同。」

從頭學幼教　跑遍海內外

雖然創校的意志堅定，唐富美也不諱言初期挑戰重重：「我有一點天真。」

當年，她認為只要擁有經營管理的能力，再邀請具備經驗的老師教學，學校應該就能順利運作。不料多數資深幼教老師的教育方式很傳統，雙方的觀念常出現巨大衝突。

「四季的孩子不能打、不能罵？對不起，我教不起……」唐富美回憶，好幾次，資深老師冷冷丟下這句話便走人。

唐富美非常無奈。她需要有經驗的老師帶領孩子，但是跟老師溝通瑞吉歐的教育觀念，換來的卻是一句句「不行」。她找來教授輔導，卻發現教授也不熟悉瑞吉歐教學；想親自示範，發現自己也不一定做得好，老師還教訓她：「我就跟你說不行……」

一次次的挫折，讓唐富美領悟到，教育不能只會高談理論和理想，「我必須徹底理解每個環節，也要有能力進去現場示範。」

她開始大量閱讀幼教理論的書籍，跑遍台灣各地上課、聽演講，參與各種幼教團體，用一顆菜鳥的心向專家請益。

三十二歲的她也決定重返校園，報名就讀弘光科技大學保育人員在職專班，後來又進入彰化師範大學所長班，把幼教專業的知識一門一門學、一本一本讀。

「**謙卑學習，借鏡別人，是解決問題的有效方法，**」唐富美說，她感激許多前輩不藏私，讓她把經驗帶回四季。

唐富美甚至遠赴海外，觀摩最新的教法與教案。她每半年就飛一趟國外，實地上課與參訪教學現場，不停發問、記錄、整理，美國、歐洲、澳洲、亞洲，都曾經留下她奔忙的足跡。

改革難關 我願承擔

奮力前行的路上，經常有人嘲笑唐富美太傻，認為她是吃力不討好。畢竟台灣的教育非常重視成績，即使是幼兒教育，多半家長也希望看到數字化的成果，過度功利的積習不是一朝一夕可以改變的。

「這些難關，我都知道，但總要有人去做，」唐富美誠懇的說。

年少輕狂的大學歲月，她閱讀龍應台與柏楊的作品，很難過書中提到的台灣沉痾，期盼改變那些落後的觀念、僵化的教育。她跟著同學上街頭表達不滿，一次、兩次之後，她卻發現，抗議或許重要，但也應該有人坐下來好好思考，實際去打造不一樣的環境。

「與其抗議，不如做一個現場的改革者，未來不只可以講話給一個人聽，還可以讓一百個人、一千個人，甚至一萬個人，都願意聽你說話，」唐富美十多年前的認知，從來沒變過。

一九九〇年代，台灣一度吹起教改風潮，也引發激烈爭論。曾有教育界人士鼓勵唐富美參與抗議行動，但她認為，推動觀念的事已經有人做了，她要做的是，在第一線踏踏實實展開體制內改革，一點一滴，做到讓大家知道教育原來可以這樣，「我很清楚，我要做這件事。」

4 孩子才是教育的主角

做為教育改革者，唐富美曾經孤獨，也曾被誤解，形形色色的家長，是她面對的一堵高牆。

二十多年前，四季藝術提出的瑞吉歐教學模式和傳統幼兒園完全不同，參訪的家長不停的問：「孩子一直發問、在角落自由學習，看起來像是在玩，之後進小學能夠適應嗎？」更多的是追問：「何時交作業？」「何時會寫字？」

即使把孩子送進了四季，部分家長仍有「輸在起跑點」的焦慮，不時問著：「為什麼不教注音、一二三和加減法？」「這樣學得到東西嗎？」

唐富美花很多時間與家長溝通四季藝術的理念：**教育是智慧的增長，而非知識的灌輸，知識可以快速填充，智慧卻是親身體驗、領悟而來**。大人們要把目標放在孩子的未來，幼兒學習的核心是未來處理知識的社會化能力。

她和老師們總會耐心向家長解釋開放式教育的不同之處，也會說明四季藝術是以孩子為學習的主導者，陪伴他們認識、體驗這世界。

我們沒有ㄅㄆㄇ練習本

舉例來說，教室裡可能布滿顏料或陶土，小孩玩得全身油彩與泥巴，但沒辦法帶一張打了分數的畫紙或寫滿ㄅㄆㄇ的練習本回家。

又或者，四季藝術在小生物主題教學中，帶著孩子探索大自然，讓他們在草地上觀察「為什麼蝸牛爬過的痕跡都黏黏的？」「蝴蝶喜歡停在哪一種植物上？」「毛毛蟲把馬利筋吃光光了，怎麼插枝來種？」孩子同時做紀錄，時時刻刻擁有真實的體驗。

強調動手做的創客教育運動、方案教學，當時在台灣鮮為人知，而且對孩子的影響也比紙本學習成績來得抽象。唐富美說，偶爾有家長不理解也不適應，抓著老師質疑：「這是在做什麼？有什麼用？」甚至有家長帶著孩子離開，另覓他校。

唐富美想得清楚，她告訴老師們不必勉強：「我們永遠無法滿足理念不同的家長，這麼小就學讀、寫、算，違反孩子的發展，四季不可能這樣做。」

她甚至耐心勸這些家長帶孩子轉校：「四季不適合您的孩子，您不妨試試別的學校。」

唐富美最難忘一位「官夫人」的家長，她三不五時會當面指責老師「教不好」、「沒有給我兒子個別指導」，年輕的老師時常被罵到掉眼淚。

唐富美和對方幾度溝通後，最後婉拒她的小孩繼續在四季學習，甚至退回註冊費。唐富美說這不是誰對誰錯，「而是四季真的不適合這位媽媽。」

她很清楚自己的理想和目標，教育不是做生意，無須討好理念不同的人，否則只會給老師帶來過度壓力，甚至逼走老師，這對四季是很大的傷害，「老師非常認真，是四季珍貴的資產，不能讓他們因此陣亡。」

也曾有四季藝術的伙伴擔心學生減少會影響營收，但唐富美心中有把尺，認為先做出口碑和成績最重要。

她常拍拍年輕老師的肩膀，安慰他們：「如果我們沒有培養出孩子的能力，招再多學生也留不住。先把教學做好，不必擔心其他事。」

創校半年　學生翻倍

有了清楚的目標，團隊穩穩往前走，很快的，一個接一個家長帶著孩子走進四季。從一九九六年創校至隔年二月的下學期開學，學生人數自七十九人逐步增加到一百七十人的滿額上限。

四季藝術幼兒園透過藝術、移動工具等主題課程，培養孩子們獨立思考和動手做的能力。

四季藝術幼兒園的環境開放，有陽光和草地，許多孩子在此度過快樂的童年。

從未花錢行銷的唐富美感到欣慰，不只是因為四季得到肯定，更是因為孩子的精采表現。她說：「他們的成長與改變，就是四季的活廣告、最好的行銷。」

曾經疑惑的家長日漸釋懷：「原來你們是**在遊玩中培養出孩子的能力**。」

一位媽媽告訴老師，念大班的兒子以前在家沉迷看卡通，但進了四季之後，會主動關上電視進廚房，喊著「我來我來，我會洗菜」，然後洗得有模有樣。她一問，兒子揚起下巴：「我們上食物主題，自己洗菜切菜，還要煮菜，超好玩！」

唐富美的另一層欣慰，來自家長的支持，這證明她的教育理念雖顛覆，依然獲得認同。每個清早與黃昏，當她站在校門前接送孩子上下學時，總會有家長走過來告訴她：「我們一直想要這樣的幼兒園，只是以前找不到。」

唐富美接觸很多來自台北甚至自海外返台的年輕父母，他們抱著期盼移民台中，希望為下一代找到好學校。這些家長與她一起勾勒孩子的未來，他們一句句的「加油」、「謝謝」，讓唐富美日益堅信，自己和四季走了一條對的路。

可以來台北開分校嗎？

花若盛開，蝴蝶自來。

短短幾年，四季藝術成為台中非常搶手的幼兒園，即使後來唐富美再創辦市政、西屯、北屯、黎明等新校，每年招生依然快速額滿，熱烈現象不一而足：台中的家長在孩子一出生就上網登記，遠住彰化、南投的家長天天長途接送孩子上下學，甚至有更遠地的家庭「組團」來讀，家長們每天輪流開車通勤，一直堅持到這群孩子畢業。

有一次唐富美到台北參加會議，身邊坐著某知名企業的高階主管，對方自我介紹是四季藝術的家長。

唐富美好奇問他：「你也住台中？」這個爸爸笑笑：「我在台北上班，但為了讓孩子上四季藝術，這兩年讓太太帶孩子在台中租房子。」

唐富美瞪大眼睛不敢相信，年輕的爸爸有點不好意思卻接著問：「唐老師，你們能不能來台北開分校？」

唐富美當下沒能答應對方，但心中非常感動。

家長的熱情源源不絕。創校初期，一群家長自動組成「四季藝術志工團」，在孩子進行戶外教學時幫忙維持秩序。還有一位上班族爸爸，每週三天一下班就奔到四季藝術當交通導護志工，老師們一再跟他道謝，後來比較熟了，他才老實說：「因為我很怕四季藝術倒掉……」

每天清晨站在校門前的資深志工葉芸筑，是四季藝術最典型的熱情家長之一。七、八年來，她天天在校門口迎接幼幼班的孩子進教室，被四季師生暱稱「蘋果媽媽」。

蘋果媽媽的三個女兒，都在四季藝術度過最棒的童年。

蘋果媽媽的感動與驕傲

十年前，蘋果媽媽和先生想為三歲的大女兒找一所適合的幼兒園，尋尋覓覓幾個月都沒有令人滿意的環境。一天下午，他們牽著女兒散步經過四季藝術西屯校，看見門內一大片綠意盎然的草地，陽光灑在十幾個小孩的笑臉上。

她很好奇，在人行道上愈看愈心動，忍不住按鈴進去參觀。

蘋果媽媽的第一印象很好：「整個環境很開放，有陽光和草地，小孩看起來很快樂。」

真正打動她的，卻是另一件事。

「我們走進校園，老師第一眼看到的不是我，而是我家女兒，」蘋果媽媽說。那陣子她和先生參訪過很多幼兒園，老師們總是圍繞著大人積極介紹，但在四季，老師的第一個動作是微笑蹲下，摸摸女兒的頭，牽著她的小手去玩。接著，才有另一位老師來向家長介紹校園。

一個小動作，讓蘋果媽媽看見這家幼兒園不一樣，她說：「**在四季，孩子是主角**，我們只是來幫孩子找學校的家長。」

幾天之後，大女兒進入四季。剛入學的新生原本只試讀半天，但第一天放學回家，小小的娃娃還沒脫鞋就急著宣布：「媽媽，媽媽，太好玩了，明天我想上一整天。」

蘋果媽媽說自己並不懂幼教，對於四季採取的主題教學，「我心想怎麼有這麼多花

四季藝術幼兒園讓孩子們在遊玩過程中，逐漸培養出積極求知的觀念和能力。

樣？但孩子每天下課回家都好開心，也就夠了。」

意外的是，蘋果媽媽漸漸發現女兒不是一味「玩」，而是在玩的過程中一點一滴學習。她舉例，當四季在進行服裝的主題課程時，孩子回來會主動整理家裡不要的舊衣服，帶去學校重新剪裁、利用，還詢問她衣服回收的細節，關心資源的再利用。

二女兒、三女兒後來也進入四季。三個孩子在家會輪流分享上課時的點點滴滴，更會主動實踐在四季學到的一切，蘋果媽媽看著孩子的蛻變，常感到不可思議。

她最記得二女兒上瓜類食物的主題課程時，每天回家都會說起在學校削皮、切瓜、煮瓜的過程。小小孩腦海中還不停蹦出探索的火花：今天試試有削皮和沒削皮的瓜煮出來有什麼不同、明天試試沒放調味料會怎樣……

孩子在其中學會克服困難、解決問題，更養成自發與主動的積極性格。蘋果媽媽驕傲的說，現在女兒們雖然分別才十三歲、十一歲和八歲，但早已是她得力的幫手：「孩子看到家事都會自動說『我來』，我變成一個輕鬆的媽媽。」

很多時候，教育的核心來自示範，什麼樣的父母就會教出什麼樣的孩子。同樣的，一所幼兒園創辦人的生命價值觀，傳遞在校園的每個角落，也烙印在孩子白紙般的心靈上。

從一個連打十通電話爭取面試的女孩，到日日加班與苦讀的菜鳥業務，再成為打造全新教育模式的新手媽媽，唐富美從來不是躲在隊伍後面、渴求平穩安逸的人。**「我來」是她最理直氣壯的口頭禪，唯有主動爭取，勇敢克服難題，生命，才會雲破天開。**

畢業典禮的祝福

二〇二二年七月的幼兒園畢業典禮上，唐富美為孩子們送上祝福。望著一張張純稚的臉孔，她叮嚀孩子的不只是上了小學要認真學習，更要「主動幫助老師，照顧還在哭的小朋友」。

她還提醒孩子，以後可能會遇到不開心的事、有點難的功課、嚴格的老師、不好相處的同學等，無論遇到什麼困難和問題，「拿出你在四季藝術學到的能力，面對它，解決它，適應它，最後喜歡它，你會愈來愈好。」

小學生活也會有許多活動，唐富美鼓勵孩子：「老師如果問起有誰願意當班長、誰想參加比賽，你們一定要說『我來』，雖然多了工作和任務，讓你變得好忙，但千萬不要怕，因為這樣你能學到更多，能力會更強。」

台下，排排坐的小孩聽得聚精會神，也許不見得句句明白，但是，當唐富美詢問進小學要多說哪一句話時，一張張小臉仰頭齊聲說：「我來！」

「我來」，已深植稚嫩的心靈，成為他們未來人生路上的關鍵字，更是人生起跑點上最有力的承諾。

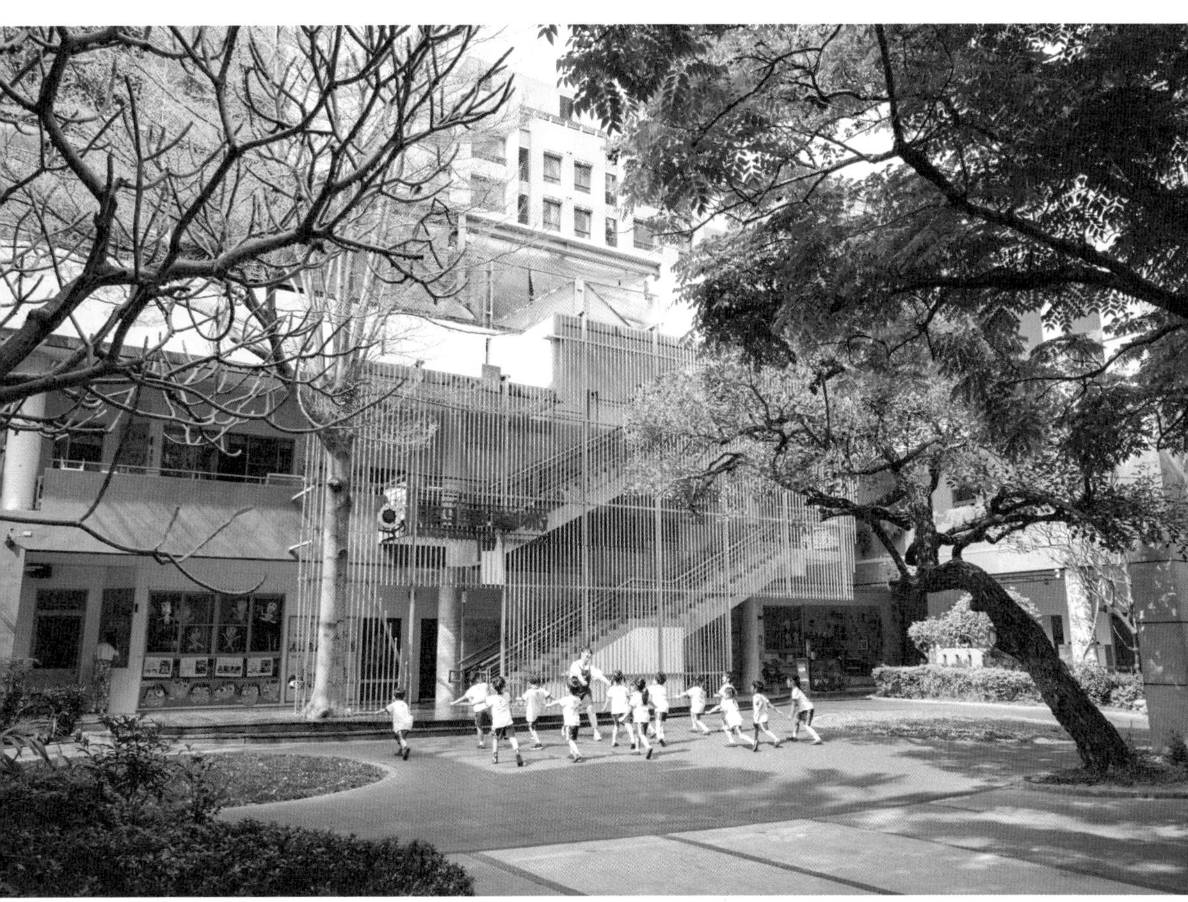

在四季藝術，孩子是學習的主體，老師則是從旁陪伴、引導和啟發的角色。

第 3 部

翻轉教養

唐富美和先生攜手朝夢想前進，

堅持窮養孩子，放手而不放縱。

他們一起走過家庭風暴，

看到孩子的獨特、珍惜分享的力量，

並且將這份學習與體驗，

注入四季藝術的教育中。

1 追夢路上的盟友

每一年四季孩子畢業時，唐富美都會特別演講或寫公開信提醒父母：當孩子升上小學之後，更應該重視人格養成——他夠堅毅嗎？能吃苦耐勞嗎？還是依賴、遇事逃避？十六年後孩子大學畢業時，會以什麼樣貌面對世界？

這些特質的培養，將取決於父母的人生信念與教養態度。

一起朝夢想前進的浪漫

黃文彬與唐富美相識時，是個鄉下男孩，剛插班考進逢甲大學建築系，成為「落塵軒」的室友。

那時候他住在唐富美隔壁房，看著她一手改造的房間，很訝異這個女孩對美感和生活的追求，即使她瘦弱的肩上挑著工作和學業的重擔，但那種凡事總要做到最好的態度，讓他很感動。

「如果真要說缺點，我當時覺得她有一點不合群，」多年之後黃文彬笑說，那時同學或室友在看電視、夜遊，唐富美通常不會參與，「她很堅持，這些休閒娛樂的時間要拿來看書。」

年輕的唐富美也看見這個男孩的不一樣。每當她訴說理想，同學會笑她又在做夢，但黃文彬總是微笑傾聽，為她送上鼓勵。

兩人愈走愈近，看見彼此身上共同的特質：認真、上進、理想、熱情，終於成為男女朋友。

黃文彬來自宜蘭農村，家境比唐富美更差，父母靠著家裡一畝薄田兼打零工，養育五個孩子。身為長子的他有四個妹妹，因為獨自在台中求學，生活開支極度節儉。

「每次熬夜畫設計、做模型時，一杯克寧奶粉泡的牛奶加一個台式炸彈麵包，是我的糧食，」黃文彬回憶說，「因為炸彈麵包比較大，宵夜可以只吃一半，另外一半當早餐。」

唐富美那時候的家境稍微好轉，但她沒有嫌棄黃文彬窮，而是相信這個樸實的男孩有潛力，認同他勤學考研究所和建築師高考的用心與決心。

「我們那時有個說法，男生只要交了女朋友，建築師考試就別想了，」黃文彬解釋，一九八〇年代的建築師高考錄取率相當低，學長都說只要一談戀愛，十之八九就會分心考不上。

「但富美完全不是那種女朋友，她不依賴，也不需要陪伴，相反的，她最常做的是督促我念書，做我的後盾，」回憶年少時光，淡淡的甜蜜閃過黃文彬眉間：「一起朝著夢想前進，就是我們的浪漫。」

黃文彬升大五時，每日天剛亮，唐富美已為他備妥早餐和一壺溫熱的枸杞茶，然後陪他走去圖書館。接下來的一整天，黃文彬在圖書館念書，唐富美去設計公司上班、到夜間部上課，之後再到圖書館碰面，兩人一起散步回家。

夜風中，兩人並肩穿過逢甲校園周邊的小巷，唐富美總會鼓勵黃文彬：「別人的父母是醫師、律師、總經理，我們沒有那種條件，只有靠自己努力才能翻身。」

大五上學期開學不久，黃文彬高考及格、取得建築師資格證照，這在建築系學生之間幾乎前所未聞。再過兩個月，他又考上成大建築研究所規劃組榜首，師長、同學全部跌破眼鏡，不只說黃文彬厲害，更感嘆：「沒想到阿彬有這樣的女朋友！」

開創事業 一生的戰友

大學畢業後，唐富美北上工作。黃文彬在台南讀研究所，課業壓力很大，台北是遙遠又陌生的都會，他也無法幫她什麼。但唐富美非常堅強，工作、生活全部靠自己，不叫苦、不會要男朋友陪在身旁。

三百公里的距離無損感情，兩個出身底層的年輕人，唯一的資源是自己，他們共同許願要努力翻身，絕不讓貧窮世襲下去。在人生的旅途中，他們不僅是戀人，更是相互扶持的盟友。

「富美的積極和向上，影響我很深，」黃文彬很感謝妻子帶來的力量，提起三十年來的相伴，兩人的說法更是一模一樣：「我們的戀愛和婚姻，一直走在為未來奮鬥的路上，而不是風花雪月。」

婚後不久，唐富美支持黃文彬成立建築師事務所；三年後，唐富美打算開創自己的事業——四季藝術幼兒園。

她向先生訴說自己的創業心情：「**辦學校，就是一個解決問題的歷程**。我要孩子動手做、要孩子受挫、要孩子解決問題、要讓孩子有美感、對生命有感覺，但現在的學校沒有這種教育模式，那我就自己來。」

從二十幾歲開始傾聽妻子的夢想，黃文彬這次依然微笑支持。

雖然自己蓋學校、經營幼兒園的風險不小，但黃文彬評估手上的建築師事業已站穩腳步，因此決定在財務上成為妻子堅實的後盾。

多年後憶起這段過程，唐富美表示，幸好有黃文彬以他們白手起家累積的財產，撐住了初期的四季藝術，而且他從不擔心這些投入是否帶來回收，直到創校五、六年後才好奇的問：「你們開始有盈餘了嗎？」

用建築專業打造夢想舞台

除了情感與財務的相挺，黃文彬也以建築專業，為妻子的夢想打造舞台。

二〇二二年年底從台中市政府都市發展局局長卸任的黃文彬，是台中的知名建築師，曾任台中市建築師公會辦事處主任及副理事長，並於逢甲大學建築系所任教。他的作品曾經獲得國家卓越建設獎金質獎、優良綠建築獎、中華建築金石獎金石首獎、台中市都市空間設計大獎，以及代表台灣入圍世界綠建築協會（World Green building Council, WGC）亞太分會「綠建築領袖獎」（Leadership Awards in Green Build）之「永續性設計與性能領導標竿」（Leadership in Sustainable Design & Performance）獎項等。

唐富美希望為孩子打造親近大自然的環境，過程中，黃文彬以建築專業一路參與，也把綠建築的理念融入四季藝術，為各分校設計的校園，從工法、空間和品味都與自然環境結合，形塑出四季藝術重視生態、追求永續的ＤＮＡ。二〇一七年落成的黎明校，更成為全國第一所獲得鑽石級綠建築標章（ＥＥＷＨ）認證的幼兒校園。

黃文彬認為，自己的出發點是支持妻子去追夢。他眼中的唐富美從不自我設限，也有

從逢甲大學同學、落塵軒室友開始，到共組家庭、創立事業，一路走來，唐富美（上圖左二、下圖第一排左）和黃文彬（上圖右二、下圖第一排右）都是彼此的好盟友。

很強的鬥志，但不是為了贏過誰，而是為了實現自我。

做為伙伴，黃文彬更看見她難以撼動的意志力，即使不被外界了解，甚至被當成異類，她都不會改變心意迎合別人。

相知，讓黃文彬願意成就自己的生命伴侶。

他說，三十多年前他成立建築師事務所時，看到唐富美對事業的熱情和努力，很感動，「很多女性一輩子在丈夫身邊管帳、管人，埋沒了她們的天分，壓抑了熱情，我不希望我的另一半也這樣。」

在自己的事業有所成之際，黃文彬願意全力支持妻子的志業，幫她成為成功的執行長，而不是只做櫃檯後的老闆娘。當黃文彬面臨新的挑戰，唐富美也全力支持。

二〇一八年年底，黃文彬被台中市市長延攬加入市府小內閣，從建築師成為擘劃城市發展的都市發展局局長。他帶著「用法令改變城市」的理念，在任內推動《臺中市鼓勵宜居建築設施設置及回饋辦法》，鼓勵建商在建物增加植栽綠化及宜居景觀設施，逐步將台中打造成綠色宜居城市。

創新、改革並不容易，黃文彬也曾經遭遇挑戰，但是唐富美以溫柔和剛毅，陪伴他度過難關。三年多來，台中市政府根據這項辦法核准的建造執照超過百件，累計種植樹木量可以創造約兩座以上的文心森林公園，未來當這些建築陸續完成後，台中市的都市空間、景觀將會隨之翻轉。

窮養是對孩子的祝福

兩個年輕人，不靠家庭、沒有背景，也能打造出精采人生，他們深刻體會，「窮」的過程或許辛苦，卻是對生命最好的打磨。成為父母之後，他們達成教養的共識：「我們的孩子要窮養。」

夫妻兩人都認為，**孩子的成長期將奠定一生的人格，如果讓孩子凡事不勞而獲，容易養成依賴心**。因此，他們寧願讓孩子在困難和挫折中磨練，學會忍耐、學會解決問題，未來才能夠面對生命中的任何挑戰。

他們相信，**窮養的孩子看似辛苦，卻擁有父母最深的祝福**。

這也是唐富美時常提醒四季藝術家長的觀念：**孩子跌倒，別急著去扶；孩子受挫，讓他自己想辦法挺過**。這樣的信念，不只根源於兩人的生命歷練，也在他們教養下一代的過程中更形堅定。

2 如果很想 就要全力爭取

唐富美有三個兒子——長子黃睦迪、次子黃睦恩、老么黃睦傑，她從小培養他們做好自我管理。下雨天忘了帶傘、天冷沒穿外套，他們得自己頂著寒風冷雨回家，不會有父母殷殷接送；如果想要任何物質享受，也得用自己的力量去換取。

大兒子、二兒子上小學就會洗碗、掃地，小學高年級時會幫小弟洗澡。比兩個哥哥小了十歲的老么也沒有特權，上小學後一樣什麼事都要會做。

黃睦傑細數自己的經驗：七、八歲左右，媽媽就教他規劃時間，然後每天放學回家後按表操課，做家事、念書、洗澡、睡覺，全部準時達成，才能拿到十元獎勵金。他感嘆：「我媽真的超級嚴格。我們必須自己賺錢。」

青少年時期和同學、朋友聚會，別人提議吃燒肉、牛排，他都不得不掃興的說：「可不可以吃便宜一點的？」那時他對這種窮養方式很生氣，會跟朋友抱怨「我媽超小氣」。

雖然唐富美沒有給孩子零用錢，但鼓勵他們打工，自己賺取所需。

黃睦傑國三開始到國外念書，寒暑假回台灣時，會到四季藝術打工，即使他有創辦人媽媽，一樣得照制度來。他苦笑：「我要等到有老師需要幫忙時，才有工作，而且剛開始的時薪比基本工資少很多。」

每逢寒暑假，黃睦傑長手長腳的身影常穿梭在四季藝術各個辦公室，問著大家：「有沒有需要幫忙的事？」有一次他好不容易有機會代班，卻不小心打瞌睡，「結果馬上被發現，還記過扣薪，我超沮喪！」他抓抓頭，露出一抹尷尬。

重要時刻　家人一定在

這幾年因為疫情，黃睦傑有較多時間待在台灣，因應線上教學的需求漸增，他跟著二哥學拍片、剪輯，幫四季藝術製作教學和活動影片。雖然常常熬夜趕工，但他發現到後來，心裡關注的已經不是工資，而是想把事情做好的責任感和熱血。這樣的收穫，正是唐富美希望孩子在年輕時學會的。

二〇二二年六月，因應COVID-19疫情，四季藝術大班孩子的畢業典禮不開放家長參與，改成線上直播，五個校區的畢業典禮輪流上陣，直播的技術、行政和現場總導播全由黃睦恩擔任，黃睦傑在旁協助，但沒想到剛彩排完，還沒正式開始，黃睦恩就確診了，必須在家隔離。

那是星期六的晚上，眼看著畢業典禮就要直播了，黃睦恩馬上決定由才大學一年級的弟弟上陣。一整夜兄弟倆在線上討論，哥哥透過之前的彩排錄影，從頭教弟弟每一個細節。隔天週日晚上的總彩排，黃睦傑邊學邊做，還仔細挑出一些可以再改善的地方。

週一上午起，一連四天、連續五校共七場畢業典禮正式上場，黃睦傑指揮若定。第一天黃睦恩還會在線上遙控提醒弟弟，但第二天起他已完全放心。最後全部演出和直播順利完成，伙伴們為黃睦傑送上大大的擁抱，原來這個大家眼裡的「小朋友」，竟已成為一位成熟幹練的總導播，更成了母親的驚喜與驕傲。

「這些功力，都是從小媽媽為我累積的，」黃睦傑說，他和哥哥一直有著不輕易放棄的決心，加上每當身處生命中重要時刻，媽媽一定都在，陪伴他們度過困境、解決問題。

黃睦傑從小各方面表現都不錯，小學畢業拿到市長獎，但國中進入私校的國際班，課業卻連番挫敗，讓他非常沮喪難過。但唐富美沒有一句責難，只想帶著兒子找出辦法。

逢山開路，遇水搭橋，在黃睦傑的回憶裡，媽媽永遠在找方法。

那時候，唐富美先教他寫筆記、訂下計畫和目標，一個一個步驟堅持做下去，又安排他在暑假去英國遊學。

這個方法果然奏效。黃睦傑在英國時放膽講英文，英文能力突飛猛進，回台後學業成績快速超前，國三就赴瑞士念九年級。他很快適應異國生活，不只學業好，還忙著玩音樂、打球，並獲邀參加羽球校隊，一路打到全國賽，後來參加歐洲盃聯賽連拿八面獎牌，包含五面金牌，成為學校創校百年來第一個九年級就進名人堂的學生。

一年後，黃睦傑到美國讀高中，想參加排球隊，唐富美希望兒子能達成願望，於是趁他暑假回台時，為他尋找教練，幫他找可以一起練習的球隊。

黃睦傑開學回美國後繼續勤奮苦練。沒多久，排球隊教練選了最沒經驗的他擔任校隊隊長，理由是「你有一股拚勁」。黃睦傑也不負期許，在麻州的高中排球比賽賽季發揮領導力，不斷激勵隊員「我們要相信我們可以」，最後一路過關斬將，闖進季後賽，創下校隊歷來最佳成績。這段經歷，後來也幫助他成功申請進入康乃爾大學。

不放棄的決心

康乃爾大學是美國常春藤名校，但黃睦傑並不滿足於念單一領域，大一暑假時，他決心要跨學院雙主修。不料當他提出申請時卻遭拒，理由是申請期限已截止。

他很懊惱，但媽媽告訴他：「看你有多想，**如果很想，就要全力去爭取。**」

拚勁再度在黃睦傑身上燃燒，他不斷找教授說明自己的決心，最後成功爭取到他們的同意。當他開心的告訴唐富美時，她對這個老么的再一次突破感到欣慰，黃睦傑後來也在

拚勁十足的黃睦傑（上圖前排左、下圖）在留學期間，不但學業優異，更活躍於音樂、運動等領域，並創下佳績。

雙主修過程發現自己對於資訊科學的熱愛，決定直接轉系。

同樣的經歷，黃睦恩也走過一回。他高中時期遠赴紐西蘭求學，大學畢業前申請澳洲昆士蘭大學語言教育研究所，未來想走語言教育之路，結果被打回票。唐富美一樣鼓勵他「看你有多想」。

黃睦恩很清楚自己的目標，決心重寫所有資料和自傳，在說明中加入他從小在四季藝術的學習經歷、媽媽投身教育的事情，以及這些帶給他的影響，加上對自我的期許——要運用所學，獻身台灣的英語教育，他也爬梳自己對四季藝術的責任與未來想像，然後重新送出申請書，並且幾度拜訪學校親自爭取。最後，順利拿到自己期待的入學許可。黃睦恩說：「在我們家，沒有『放棄』這種事。」

兩年後，黃睦恩研究所畢業時，只有一門課差〇．五分，其他課程全拿滿分。院長親自寫信給黃文彬和唐富美：「我們非常榮幸有睦恩這個學生。」

對父母的窮養方式、高標準要求，黃睦傑也曾經感到壓力，高中時期甚至曾經和父母起衝突，但成年後，他了解到那是父母愛孩子的方式。

黃睦傑在成功嶺服役時，長官和同袍一度以為他已經二十五歲，驚訝的問：「你這麼沉穩、有責任感，怎麼可能才十八歲？」他歸功於父母，是他們的教養堅持，讓他在待人處事上更成熟。

3 尊重生命的獨特性

有一年高中暑假，黃睦恩自紐西蘭返台，想要一支新手機，但父母堅持窮養，只給兒子最基本的生活費，黃睦恩只好去打工賺錢。

一開始黃睦恩到超商工作，但由於不擅長和客人應對，適應得很辛苦，加上偶有遲到、請假，所以只做了兩星期，就換來店長一句：「明天不用來了。」

於是唐富美安排兒子到朋友的手機店當工讀店員，私下說好工讀的薪水由她來付。不知情的黃睦恩，每天從早上開門做到深夜打烊，從不請假。唐富美還提醒他認真觀察身邊的同事：為何有人可以做店長？有人卻只能一直當店員？還要他去請教老闆如何管理、經營，以及開設連鎖店的成功要訣，回家後母子一起討論。

當黃睦恩工作滿一個月時，唐富美拿錢給老闆支付兒子的薪水，對方婉拒，笑說：

「睦恩值得我付這份薪水。」

他表示，現在的黃睦恩工作時永遠笑容滿面，熱情的服務客人、隨時詢問主管有什麼可以幫忙，「我沒看過這麼積極的工讀生。」

其實，這位老闆口中最棒的工讀生，曾經是暴躁的孩子，甚至為黃家帶來風暴。

不易與人相處的過動兒

黃睦恩是過動兒，幼兒時期就比一般小孩調皮，也無法控制脾氣，上小學後會跟同學起衝突，因而交不到朋友。

唐富美耐心教他如何處理暴走的情緒，「如果你發現自己生氣，先在心裡數到三十，再講話；如果還是感到生氣，立刻跑離現場。下次再生氣，就數到四十、五十，數到自己不想罵人或打人為止。」

她認為，當孩子專注於數數，會忽略當下情緒，就能夠控制怒氣。

但是，不到半年，黃睦恩又跟同學起衝突，甚至動手打人。他憤憤不平的說：「同學笑我！我那麼努力，他還笑我壞脾氣，說我做的都是假的，叫大家不要跟我當朋友……」

唐富美理解兒子的心情，但她客觀的勸告孩子：「以前你會發脾氣，所以同學不相信你。現在要讓同學相信你真的改變，就要多花兩、三倍的努力。」

如何與特殊兒相處，可說是父母的一大修練。唐富美說，**孩子出狀況時，大人不能只顧慮自己的挫折或別人的眼光，必須先穩定情緒，進而冷靜看待問題**。

當年幼的黃睦恩生氣或哭鬧時，唐富美總會溫柔堅定的告訴他：「你這樣哭，我沒辦法幫你，我先去做事情，等你哭完再來找我。」

她讓孩子發洩情緒，也讓他知道這樣的行為無法為自己帶來幫助，果然，兒子逐漸學會平靜的溝通。

唐富美也運用各種方法引導孩子——睡前用繪本或角色扮演說故事，帶著黃睦恩討論，讓他在潛移默化中學習解決問題的方法；每天送上適度的讚美、鼓勵，以及親密的擁抱，用同理心支持兒子的感受。

教養過動兒不容易，唐富美也曾經身心俱疲，但不放棄的個性讓她一次次擦乾淚水，繼續努力。她更慶幸，因為創辦四季藝術幼兒園，讓她大量吸收幼教知識，學會許多教養方法，「創辦四季藝術幼兒園，獲得最多的是我。」

暴走的青春歲月

到了小學五、六年級，黃睦恩已經有明顯的改變與成長，不但交到好朋友，成績也不錯。國中時，黃睦恩念私立學校，雖然學校管教嚴格，他不時因為犯小錯被「記點」而生氣，但在媽媽的開導下也學會調整目標，把注意力集中在做自己想做的事，不再跟老師計較瑣碎的記點，也減少發牢騷的狀況。

沒想到，一上高中，黃睦恩又出現狀況，頻頻用生病當藉口請假。一場家庭風暴悄悄醞釀。

從小勤學的黃文彬對兒子的行為非常生氣，尤其當時他正就讀博士班，工作、教職和學業三頭燒，壓力極大。唐富美宛如夾心餅乾，處在兒子的困境與先生的情緒之間，左右為難。

後來，唐富美輾轉得知，黃睦恩覺得某位老師上課無聊，有時上課會睡覺或做自己的事，因此激怒了老師。老師在考卷上寫著羞辱的紅字，讓同學傳閱。強硬的黃睦恩認為老師不但沒教好、還霸凌他，堅決不肯去上課。

另一個令人憂心的狀況是，黃睦恩開始沉迷網路遊戲，每天關起房門玩到深夜。當黃文彬逼黃睦恩上學的時候，他頂嘴怒吼：「你們不了解我！」父子數度發生嚴重衝突，相互怒吼、摔門，有一次，黃睦恩甚至對父親動粗，幸好大哥在家，及時把兩個人拉開。

戰場般的家，讓唐富美非常傷心。她積極尋求專業支援，透過大學時期的心理學教授郭麗安協助，找到台中榮民總醫院青少年身心科醫師，每週帶兒子去看診。

然而，黃睦恩的情況時好時壞，脾氣愈來愈暴躁，甚至出現過激行為。唐富美和醫師幾度討論，認為孩子的行為已經逼近法律邊緣，可能需要送醫治療，她不能因為捨不得而害了孩子。

一天晚上，親子再度發生衝突，唐富美冷靜的告訴黃文彬：「我要報警……」

沒想到，隔壁房的黃睦恩聽到後徹底失控，衝向陽台，爬上二十二樓高的窗台。窗戶大開，冷風簌簌而來……

幾分鐘後，消防隊趕到，救下孩子，唐富美和黃文彬立刻安排兒子住進身心科病房，接受治療。

父母的心也需要一起成長

「孩子強硬的行為，已經太超過了，我必須讓他學會為脫序行為承擔後果，這是最不得已的選擇，」唐富美回憶十多年前的那一幕，依然冷靜。

在身心科病房的十多天，黃睦恩稍稍恢復平靜，這對父母繼續全力尋找解方。身心科醫師分析，這類孩子青春期時很容易被台灣傳統的學校貼標籤，國外有很多制度嚴謹卻包容的學校，可以送黃睦恩出國讀書。

身心科醫師與這對父母談話時，提出另一個建議：「要解決睦恩的問題，你們必須先去上課，因為孩子的問題通常是父母造成的。」

醫師介紹他們參加圓桌教育基金會的心靈成長課程，黃文彬一開始難以接受：「我是建築師、大學老師，擁有博士學位、能照顧家人的所有需求，我有什麼問題？為什麼我要去上課？」

唐富美則是毫不猶豫，直接報名上了第一、二階段的心靈成長課程。二階課程最後的為人父母課題，讓她了解原生家庭對子女的影響，於是全力勸先生去上課。

黃文彬終於走入課堂，一開始心中很不服氣，「講師要我們反省認錯、放下父親的尊嚴，但那是長久以來的價值和信仰徹底崩塌，我不能接受。」

但是，第一階段課程結束後，黃文彬不禁想起老家的父親。父親數十年來一直是傳統的威權型長輩，而子女亦能孝順配合；他也反思自己在父親角色上的某些堅持，真的百分之百正確嗎？等到上完二階、三階課程，黃文彬長年的教養價值觀不斷被摧毀，心靈不斷被洗滌，再被新的想法填滿、重建。

他對教養的想法大幅翻轉。

「原來，我並沒有認清如何做一個當代父親，而是一直依著我父親的步履在扮演爸爸的角色，但是，以前的教養模式有其時代性，如果我還是用同樣的腳步去銜接下一世代的生命，這樣對嗎？」

黃文彬重新檢視自己與兒子的關係——決定權在自己手上，他是怎樣的爸爸，就會形塑出怎樣的親子樣態。漸漸的，他不再急著要求兒子依照他的標準做事，改為傾聽、分

曾經讓父母煩惱的黃睦恩（上圖中、下圖），因為家人的包容與理解而脫胎換骨，無論學業、個性、工作，都成為全家人的驕傲。

享，有時甚至保持距離看著孩子，必要的時候才出手幫助。他把孩子當朋友，用尊重、理解和關心代替要求，並調整長年的嚴父習性，回家後會溫柔的笑問家人：「今天過得好嗎？」也會主動分享自己工作中的種種見聞。

這幾年，黃家已經百分百和解，men's talk成為父子間的日常。黃睦迪、黃睦恩和黃睦傑異口同聲：「爸爸很棒，他不會強迫我們接受他的建議，而是分享他的經驗，讓我們從中找到自己的觀點、學到東西。」

回顧險象環生的青春期，黃睦恩很坦然：「那是一個過程，我非常渴望被理解，但得不到。」他說，在紐西蘭讀高中時，沒有人給他貼標籤，自由選課讓他不再因為無聊而坐不住，宿舍同學的感情融洽，他還迷上運動，成就感愈來愈大，慢慢的，線上遊戲便不再吸引他了。

黃睦恩脫胎換骨，高中畢業典禮時更上台領獎，成了父母眼中的驕傲。

親子關係是每個家庭的必修課

走過風暴，唐富美經常說：「睦恩，是我們家的貴人。」

若非黃睦恩引發的衝撞，這個家不會有今日的成長，她認為：「**人沒有遇到重大的傷痛，不會改變**。」這個兒子也讓唐富美深刻體認到生命的獨特性，甚至再度提醒她在教育過程中，必須尊重這種特質。

愛與決心翻轉了這個家庭，黃睦恩也深深感受到父母的引領。升上大學後他主修企管，為釐清成長時期的衝撞挫折，特別輔修心理學，大量找資料、閱讀，和心底的靈魂對話，「媽媽讓我學會面對內在的自己，挫折難過要懂得自己化解、承擔。」

結過霜的柿子更甜美，家庭風暴之後的理解與轉變，成為黃家的重要養分，也澆灌在四季藝術的教育沃土中。

唐富美時常用自己的經驗和家長分享，每個孩子的性格、能力和生命需求不同，父母也有各自的需求和困難，因此，親子要在彼此的需求之間找到平衡。她表示：「**天下沒有完美的父母或子女，重要的是，相互包容與支持**。」

親子關係是父母及子女都要學習的一門課，而四季藝術不只要教育孩子，也要教育家長、教育家庭。

4 孩子是父母的好朋友

彰化師範大學輔導與諮商學系教授、曾任台灣輔導與諮商學會理事長的郭麗安，是黃文彬與唐富美大學時代的老師。三十多年亦師亦友，因此，當黃家陷入風暴的時刻，郭麗安一路陪伴。

她記得，到黃家為黃文彬和唐富美諮商時，客廳裡的氣氛清雅寧靜，完全感覺不出曾經發生變故，「他們沒有激動的哭號和嘶吼，只看見兩位大人全心全意用穩定的情緒，守護著一個失控的小孩。」

夫妻兩人的冷靜，在郭麗安眼中是極為難得的成熟態度，值得許多父母處理棘手的親子問題時學習。她解釋，在心理學上，若家庭成員是屬於高度情緒表露行為（High Expressed Emotion, HEE）的人格特質，溝通會比較複雜。例如，媽媽可能會抱怨兒子「你這樣會害我們很丟臉」，爸爸會指責媽媽「都是你寵壞兒子」，但黃文彬和唐富美不曾彼此指責或怪罪，即使難過痛心，也不會聚焦在負面情緒上，反而願意接受挑戰，願意理解孩子有自己的生命節奏。

郭麗安強調：「如果當年富美、文彬是高度情緒表露型的父母，睦恩今天絕對不是這個樣子。」她也笑說，其實當年在黃家的客廳裡早已看出，有這樣的父母，這個家一定挺得過去。

很幸運的，在這個家庭裡扮演安定者角色的，除了這對理性的父母，還有一位，就是他們的大兒子黃睦迪。

天使般的老小孩

同一個家庭裡，時常有完全不同性格的孩子。

唐富美和黃文彬眼中的大兒子黃睦迪，冷靜、理性、穩重，從小就會調解家人的不同意見，排解每個人的難題，唐富美說：「很多時候，他成就了這個家。」

黃文彬也說：「老大從小非常好教、好溝通，年輕時的我，差點以為全天下的孩子應該都像這樣。」

童年時期，黃睦迪就知道黃睦恩不太一樣。面對弟弟的執拗倔強，他從來不氣也不爭。黃睦迪之所以有這樣的個性，關鍵還是唐富美的教養方式。

從三個孩子稍微懂事起，唐富美就讓他們理解家裡發生的大小事。尤其她時常跟大兒子說：「弟弟的個性不一樣，當弟弟或家裡有任何狀況時，媽媽都會告訴你。」她把小睦迪當伙伴，互為堅實的聆聽者和陪伴者，分享各種喜樂憂煩與想法。

因此，即使每日教養老二已耗去大量心力，她仍然留下一段時間，單獨和大兒子聊天，那是母子間最珍貴的時光。

這份堅持，來自於唐富美童年的經驗。

她說，小時候家族長輩間曾經有紛擾，她親眼看著大人們爭吵，卻不明白到底為什麼，大人總是叫小孩不要問也不必擔心，但反而讓年幼的她非常害怕。因此，當她成為母親後便決定對孩子坦白，家裡的任何事她都會據實以告，絕不讓孩子擔心恐懼，也避免不必要的傷害。

身為哥哥，黃睦迪認為自己有責任當父母和弟弟之間的橋梁，「我要理解弟弟，也要當父母的幫手。」在傾聽媽媽分享的同時，他會同步理解弟弟，從同儕的角度向媽媽提出建議。

唐富美最難忘的是，黃睦迪小學時各方面表現不錯，是老師眼中懂事、善良且傑出的孩子，相較之下，二兒子常被老師叨唸：「要多學學你哥哥。」但是黃睦迪很快就發現弟弟的氣憤難平，他拜託唐富美：「請你去跟老師說，不要這樣說弟弟，對弟弟不好，他不喜歡……」

唐富美驚喜於孩子的同理心與成熟。她說，睦迪一直是個「老小孩」，願意承擔家人的難題，居間協調，甚至發揮關鍵的力量，拉家人一把。

家裡的精神支柱

弟弟和父母嚴重衝突的那兩年，黃睦迪遠在美國念書，一旦放假回台，他總會設法化解父母和弟弟的衝突。即使人在海外，也常打電話回家，鼓勵母親傾訴，「媽媽夾在爸爸和弟弟之間，很辛苦，格外需要釋放情緒，我希望她知道，不能夠跟爸爸、弟弟或伙伴說的話，至少還能告訴我。」

當時，黃睦迪不過是個十七歲的大男孩，卻帶給媽媽很大的安慰。直到今天，唐富美仍習慣跟這個貼心的大兒子分享、討論或聊天，「他是我很重要的精神支持，他的陪伴、分享和傾聽，給了我力量。」

如今三十二歲的黃睦迪仍在美國，工作忙碌，但每週總會撥時間和父母、弟弟們視訊聊天；休假回台灣時，也會主動在父母回家時送上問候，傾聽他們在外的酸甜苦辣。

回想成長之路，黃睦迪認為自己的情緒波動較不明顯，幾乎不曾和父母有過衝突。他笑說，印象中唯一的叛逆，是國中時期拒穿某件父母買給他的衣服，而且拒絕成功。

他坦言，那兩年家裡的衝突難免讓他有壓力，但那壓力並非因為他承受不了衝突，而是來自於他認為自己應該做些什麼來化解衝突，以及如何緩和雙方的情緒。

相較於一般有特殊孩子的家庭，黃睦迪表示，他從來不曾覺得自己被父母忽略，反而很慶幸他們因材施教，讓自己和媽媽成為無話不談的好朋友，能真實理解大人的世界，也獲得充分的自由和自信去發展自己。

從害羞小孩到新創的行動者

「把孩子當朋友」的教養方式，讓黃睦迪成為黃家成熟貼心的長子；唐富美和黃文彬的因材施教，也讓這個大兒子成為無懼挑戰、目標堅定的行動者。

黃睦迪小學時期曾經非常害羞，唐富美不斷鼓勵他上台，一次又一次的訓練，慢慢培養出他主動迎戰的個性。讀國中時期，黃睦迪已經展現出這種堅定迎戰的特質，不因外界看法而動搖自己的目標。

當時他就讀私校，資優測驗後，他的成績超越九九%以上的受試者，班導師告訴唐富美：「睦迪非常聰明，可惜不夠用功，否則可以考全班前三名。」

聽到老師的評論，黃睦迪不服氣的對唐富美說：「我不想做只會追求成績排名的人，我只要成績維持在一定水準，能直升高中部就好。」

冷靜理性的黃睦迪（上圖第三排左三、下圖中）在美國念書時，曾擔任紐約台灣學生會會長，畢業後投入使用者體驗設計的領域，立志成為改變世界的行動者。

黃睦迪很清楚自己要什麼，他情願把苦讀拚排名的時間用來打球、畫畫、架設網誌網站，做更多有興趣的事；他也能為了激勵自己，不斷突破現狀，做別人鮮少做的事。

到美國讀高中時，黃睦迪主動參選國際學生會主席；大學就讀號稱「時尚界哈佛」的美國帕森設計學院（Parsons School of Design），擔任紐約台灣學生會會長。這些，都是黃睦迪闖出的好成績。

黃睦迪堅定的走在追夢道路上，他說：「我很在乎理想，過程中再難再累，也一定要實現。」

大學畢業後，黃睦迪原本投入動畫工作，後來讀加利福尼亞大學柏克萊分校研究所時他開始思考：自己做的事可以解決現實中哪些問題？他的人生因此大轉彎，轉而投入使用者體驗設計的領域。現在，黃睦迪在新創產業從事自然語言處理（NLP）的開發，運用科技創造更好、更便利的生活。

就像唐富美和黃文彬一樣，黃睦迪期待成為改變世界的行動者。

5 彼此支持的家族生命樹

分享、傾聽，是黃家的核心精神。

孩子小時候每當放學回家，唐富美一定問他們：今天有什麼觀察？在學校有什麼問題？怎麼解決？她還每天為孩子說故事、讀名人傳記，並與孩子們分享她的工作和想法，也鼓勵他們說出想法，雙向交流。

黃睦傑小學三年級時，唐富美選了《遠見雜誌》出版的《新台灣之光100：超越自我的夢想家》做為他的床邊故事，書中報導吳季剛、江振誠等九十九個台灣人和團隊，以各自的專業得到國際認可、揚名海外的事蹟。她每天講一個人物故事給小兒子聽，讓他了解別人的挫折和努力過程。

這本書成為黃睦傑童年最愛的書，他開始關心這些人的奮鬥歷程，從中學習到如何面對與克服自己的難題，同時也逐步理解和接受「吃苦」的必要性。

此外，唐富美鼓勵他和哥哥一樣，在學校爭取掃廁所的任務。因為，這是辛苦的工作，通常老師會派遣最認真負責的小孩去做。不久後，黃睦傑開心的回家報告自己獲得掃廁所的工作，唐富美也高興的鼓勵他：「你如果連這麼辛苦的事情都可以做好，以後一定可以做好每件事。」

這段掃廁所的教養經歷，是唐富美最喜歡跟家長分享的故事之一。曾經有家長不解、甚至質疑：為何要讓孩子做辛苦航髒的事？這不是在懲罰孩子嗎？但是唐富美認為：「掃廁所是最好的磨練。從小讓孩子做別人不想做的事，孩子長大之後一定可以做別人不能做的事。」

現在，每當全家聚在一起，三個孩子常會分享彼此的事、擁抱父母，互動依然親密。對他們來說，只要一句開場白「來，我們聊一聊」，就能開啟黃家最溫暖的時光。

孩子也鼓勵父母傾訴

黃文彬獲邀出任台中市都發局局長時，妻子和三個兒子原本一致反對，但他們坐下來「聊一聊」，黃文彬抒發自己身為建築師的夢想，以及用法令改變城市的盼望，妻兒被這份熱情感動，最後全力支持他為台中努力。

多年前，唐富美曾經為了四季藝術的管理問題感到挫敗，因此每天她下班回到家，三個兒子會主動關心她、跟她聊天，並客觀的分析問題、提出建議。過程中，他們也學習到媽媽對他人的寬容。「即使面臨離職伙伴的黑函攻擊，媽媽始終不曾口出惡言，也不會怨天尤人，」黃睦迪表示，這個正向的特質影響他很深。

除了溫馨的「聊一聊」，在這個家庭裡，還有讀書會。

有大量閱讀雜誌習慣的唐富美，時常分享各式各樣文章給兒子們，再彼此交換心得，漸漸的，這樣的互動形成了讀書會，這兩年更進一步正式成為每月一次的家庭會議，大家除了各自分享工作生活和學習心得外，還會進行主題討論，範圍涵蓋時事、公益、財經、管理、藝文等面向。最近ChatGPT風行，黃睦迪還準備資料為大家上課，每個人更約好未來都要分享自己在ＡＩ上的常識與運用，全家人一起成長。

家族傳承價值與精神

回首走過的歲月，黃文彬和唐富美一致認為，他們翻轉貧窮的出身、走過家庭的風暴，如今在事業上已經有了一點成績，孩子也有不錯的成長與發展，家族的生命將會延續。他們做為黃家第一代的讀書人，也是書香門第的第一代，必須把良善美好的正能量傳遞下去。

唐富美（左一）、黃文彬（右二）、黃睦迪（後排）、黃睦恩（右一）、黃睦傑（左二）全家觀念相近，期許能把良善美好的正能量傳承下去。

「要讓黃家的生命樹不斷開枝散葉，擴大到家族、伙伴、朋友、社會，」黃文彬說。

唐富美在台大EMBA上過「家族傳承」的課程，非常認同傳承的必要性，尤其是傳承價值和精神。

她找專家輔導，列出國外百年家族的傳承之道，了解落實價值觀、培育人才的方法，用一年時間密集進行會議討論，也讓孩子參與，並督促自己和黃文彬寫出生命成長的故事，帶兒子認識他們的努力歷程。

四季藝術在二〇一一年成立市政二校時，夫妻倆共同成立「四季藝術教育基金會」，並決定：市政二校的盈餘除了提撥部分做為教職員分紅，其他全部用於社會公益。

為社會多做一點

在做出決定之後，唐富美便寫信告訴在美國和澳洲的兒子們：「爸爸媽媽的生活很簡單，賺的錢也足夠生活或支付你們的學費，所以，我們願意努力為社會多做一點事。期望更有才華和視野的你們，將來不只要讓自己快樂的工作、生活，甚至能為社會貢獻才華和能力。」

唐富美也很欣慰，一家五口的觀念非常接近，三個兒子對自我的期許與未來必須傳承的價值，和父母的想法大同小異。

透過每月一次的家庭會議，他們將這樣的想法融入家族憲法中，最後定案範圍包括：對社會貢獻、努力成為地球公民、照顧工作伙伴、持續扶弱濟貧、勇於承擔付出、關心世界國家……

面對這些許諾，黃睦迪、黃睦恩和黃睦傑三兄弟一致表示：「那是讓世界更好的力量，當然要傳承下去。」

從堅持窮養、走過家庭風暴進而傳承共同信仰，唐富美對孩子放手而不放縱，在不同生命階段提供不同的支持，這種教養態度，也默默印證了教育最重要的精神——鷹架。

第 4 部

鷹架孩子成長

猶如建築鷹架，

在不同階段提供不同支持，

唐富美與四季藝術，

堅持讓孩子在真實世界探索、學習。

從教養孩子到教育下一代，

四季藝術借鏡世界先進的教育理念，

更融入唐富美真實生命的驗證。

1 孩子才是學習的主導者

愛爾蘭詩人葉慈說：「教育不是注滿一桶水，而是點燃一把火。」猶如唐富美在親子教養中所堅持的做法，四季藝術的教育，就是一場深入生活的點火之旅。

每一季，四季都會先訂出課程的大主題。小班是固定主題，從了解環境、探索植物到認識自己、認識身體，還有多元藝術發表會；中、大班的主題每兩年循環一次，涵蓋人文、社會、科學、藝術等面向，包括服裝、食物、移動工具、小生物、大台中小社區等等。確定每次大主題後，老師會引導各班孩子，讓他們發現自己喜愛什麼、想做什麼，並自行討論進一步的研究方向，而非由老師指定。

唐富美強調：「**孩子是一切學習的發動者，不是被動的接受者。**」

孩子們確定自己的研究方向之後，接著要分析、觀察，還要動手做，過程需要很長時間，但是他們會了解：**知識不是坐著等老師開口就能得到，要靠自己主動思考、積極找人合作**。

主題課程的精髓在於培養能力，進而奠定孩子未來學習與生活的方式，絕非只是知識的傳遞。

這個信念來自於唐富美的生命價值觀，她衷心希望，孩子在人生第一個教室裡，學會的是解決問題，當擁有了學習的能力，才能夠真正擁有知識。

因此，四季藝術的老師不會給孩子答案，多數時候反而不停的問孩子「怎麼辦」、「為什麼」，然後放手讓他們思考、破關。

不過這樣一來，老師更忙碌。

傳統教學中，老師按照慣例準備功課、單向傳遞知識；四季藝術的老師，同時擔起啟發、引導、鼓勵、協助、陪伴等多種責任，在放手與收手之間，需要投注更多觀察、評估與判斷，也就是要「鷹架」孩子。

鷹架孩子 引領發展

「鷹架」（scaffolding）理論，在一九七〇年代由美國心理學家所提出，指出兒童的能力成長需要成人協助，成人則針對孩子的認知特質，給予系統性的支援與指導。如果運用在學校，鷹架是師生互動的方式與策略，老師引領學生發展新能力，而非單方面傳遞資訊。此外，鷹架是暫時且可調整的支架，當學生能力建構成熟後，鷹架會逐漸被移除。

就像移動工具的主題教學，孩子們選定腳踏車為研究主題，老師不會使用現成圖卡去教導，而是啟動孩子對腳踏車的好奇心，討論、分享、動手實做，統整出真正屬於他們自己的經驗與知識。當孩子遭遇難以突破的困難，老師會帶著孩子找書、查資料、設計學習單並邀請家長參與，甚至走出校園，向外界的高手叔叔、阿姨請教。

每回腳踏車主題教學結束時，四季藝術的孩子都能掌握機械原理和工具操作的方法，成為修車小達人。常有家長問：「孩子到底怎麼學會的？」

曾經有個阿公拉著唐富美說：「唐老師，我們家孫子竟然把我的老爺腳踏車給拆了，嚇死我……」唐富美本來擔心阿公生氣，不料他嘿嘿一笑：「但是他又全部組回去了，好厲害。」

衝撞傳統 讓孩子學會用刀

一如這位阿公曾經有的不解，四季藝術衝撞傳統教育和教養的模式，有時難免讓家長滿腹疑問。

「一開始，真的有點挑戰我們的心臟，」蘋果媽媽想起大女兒剛進四季念中班不久，

透過多元的主題教學課程，例如大自然、食物，能夠啟動孩子的好奇心，進而願意主動探索和實際操作。

有一天要帶剪刀、針線去學校，她知道後遲疑了兩秒。在家裡，她從不敢讓孩子碰這些工具，但是轉念又覺得有老師引導應該沒問題，「四季的教育比較大膽，讓孩子摸索一下也無妨。」

一、兩週之後某個晚上，蘋果媽媽看著女兒小心翼翼拿著剪刀和針線處理布料、鈕扣，動作毫不含糊，她徹底放心，更體會到放手的重要。

到了二女兒跟她說要帶刀子到學校切絲瓜時，蘋果媽媽毫不猶豫，馬上挑了小水果刀和塑膠刀給她。

她發現，四季的課程是在安全範圍內進行，老師會引導孩子正確使用工具，不會讓他們傷害到自己。

唐富美以操作料理工具來說明：從使用叉子到練習操作塑膠刀、水果刀，每一種工具的選擇與可能發生的情境，老師已經審慎的思考及準備，並且事先與孩子討論安全問題，使用的過程也會循序漸進，先切過蘋果、香蕉、柳丁、木瓜等水果，再切蔬菜。

另一方面，四季的老師也會接受課前訓練。四季藝術仁美校園長吳家秀進入四季已經十六年，她說，進行食物主題課程時，資深老師會帶著年輕老師觀察孩子的能力和發展，萬一發現孩子程度不夠卻急著拿刀，會立即制止，「當孩子快要超出安全範圍時，老師一定會馬上反應。」

課程進行中，老師會對孩子嚴密評量，了解孩子的發展程度，掌握他們可以實做嘗試的範圍，適度引領孩子的學習。這正是鷹架的價值。

這種實物操作的課程，可以讓孩子一步步培養手眼協調能力，強化肌肉的靈活和穩定度，因此唐富美始終堅持：「讓孩子學習用刀剪，需要更嚴格、更扎實的鷹架，但我們不能不做。」

放手不放任

採用鷹架教育必須適度對孩子放手，卻絕非放任。每次學習，都需要師生合作、一起摸索。

唐富美記得，創校初期，小孩剛上課時仍會跑來跑去，四季的老師們也思考如何不靠打罵而讓孩子坐好，最後發現，不妨師生一起坐下來討論教室規則。

有一次，新班開學第一週，老師跟孩子約定「排好隊才能去玩」，但孩子仍然亂跑，每個人都吵著要排前面，時間一分一秒過去，老師不強迫大家怎麼做，只是提醒：「玩耍時間只剩下二十五分鐘，你們要怎麼辦？」

孩子們驚覺糟了，於是快速尋求建立秩序的方法，大家開始相讓，「快點排好，給你、給你排前面。」

逢甲大學建築專業學院院長黎淑婷，在創新教育耕耘多年，她認為四季藝術的課程跨

在四季藝術國小課後ESL，孩子們透過每年舉辦的愛心闖關活動，學習蒐集資料、協調分工等能力。

度超過許多幼兒園可能觸及的主題，甚至部分挑戰難度可媲美大學課程，例如從日常的學習烹飪食物、探索居住城市，到技術學院才會有的交通工具設計、藝術學院的戲劇創作道具及舞台等，但是這裡有一套鷹架的方法，讓孩子先認識、觀察、分析，透過練習操作，一步步完成任務。過程中難免陷入困境，但總能從中找到最佳解決方法。

從四季藝術幼兒園到國小課後ESL，都可以看見老師們鷹架孩子的用心。

藉由專題研究關懷社會

四季藝術國小課後ESL有一個「專題寫作」的課程，課程中，老師會帶領孩子運用美語、數位工具，學習表達自我觀點和生活經驗，並且帶入永續概念，思索可以為環境、社會付出些什麼。

西屯校ESL的林子涵因為家中養狗，對於流浪狗感到好奇，於是透過專題寫作課程開始進行調查，進而到幸福狗流浪協會擔任志工，了解領養流浪狗的運作模式。

當了志工後，林子涵才發現：「哇！原來領養流程並不是想像的簡單，必須經過環境、家人等多方面評估，才能進行。」

因為研究流浪狗主題，她不僅學會跟陌生人溝通，並且因為幫助流浪狗找到新主人，而有極大的成就感。大橘是林子涵協助的第二隻流浪貓，她開心的說：「大橘本來是海邊的流浪貓，剛來到這裡時身上有許多傷口，接受治療後變得很漂亮。」

藉由專題寫作課程，這些孩子不再是「爸爸、媽媽可以為我做什麼？」的依賴者，而是成為「我還可以為別人做什麼？」的行動者。

在每年舉辦的跳蚤市場中，老師常鼓勵ESL的孩子設計擺攤，參與義賣活動。看似輕鬆歡樂的活動，其實要做的事很複雜。例如如果計劃賣鬆餅，那麼，如何設計攤位、如何募款買食材、到哪裡借機器、怎麼做鬆餅等，都得靠孩子自己找資料、協調分工、一起學習。

ESL的孩子是放學後才到四季上課，時間有限，怎麼解決這些問題？他們得學習有效溝通，甚至投入課餘及回家的時間做準備。

當義賣活動開始，叫賣的、做鬆餅的、端盤的、擦桌的，孩子各有角色。萬一現場賣不完怎麼辦？他們去校園兜售，展開不同形式的推銷。最後義賣所得的錢，全數捐給公益組織。

從七嘴八舌的討論到熱烈投入、揮汗收攤，家長看了非常感動，不禁讚嘆：「這樣的義賣活動不只讓孩子培養愛心，也是讓他們練習創業的過程。」

傳統的教育模式，是由老師教導、示範，孩子只能看或被動學習。但沒有動手實做的教育，孩子很難發現自己的問題，更別說學習解決問題，因此**在四季，孩子才是主角，老師則以陪伴、引導和啟發，幫助這些主角在人生舞台上閃閃發光**。

2 失控是更棒的學習

為了引導和啟發孩子克服困難、解決問題，四季藝術的老師經常一起討論主題課程的教案——視孩子的年齡和發展，給予不同挑戰，同時設計將挑戰「埋線」在哪裡，並且設想孩子可能出現的反應和狀況，進行損害控制。

何時鷹架、何處鷹架、如何鷹架，都需要嚴謹規劃。

「認識台中」就是一場埋線滿滿的主題教學。唐富美認為，孩子每天上學、放學的路途是學習的契機，「認識台中」要帶著孩子走出校園，藉由對社區的實地探究、互動和對話，讓他們建立自我與台中的連結，以及在這座城市生活的能力。

只不過，「認識」不是簡單的事，孩子們得先學會認路，學會跟陌生人互動，學會到達目的地。

「認識台中」主題課程帶孩子走出校園實地探索，建立與居住城市的連結。

有一年的主題教學，孩子決定到台中大坑公園。他們想坐公車去，於是告訴老師：「老師，你打電話叫公車來接我們！」

「公車會被叫來嗎？」老師反問。孩子搖頭，開始分頭去找公車路線和站牌位置。

第二天上午，大家整隊出發，興沖沖上了車，卻完全沒注意到坐錯方向。老師忍住，沒有出聲提醒。

幾分鐘後，一位小男生發現了，孩子們開始著急，老師還是冷靜的問：「怎麼辦？」孩子喊著：「下車！」按了鈴，一個個下來，圍在站牌下，仰頭看站名、認方向，記住一路的站名與地標，也在不知不覺間多認識了幾個字。

學會溝通：迷路的孩子，街頭吵架

還有一回，是四季藝術北屯校的冒險，孩子們想走路去台中民俗公園。民俗公園離北屯校很近，通常步行不到十分鐘即可抵達。孩子們先看地圖，研究路線和方向、測量路徑長度，順便學習從平面到立體的思考方式。隔天，大班孩子帶著自己做的地圖，和兩位老師、一位志工爸爸，興高采烈的出發。

走了十幾分鐘，孩子們感覺不對，停下腳步，開始懷疑：「剛才我們是左轉嗎？」「是不是右轉才對？」「為什麼這麼久還走不到？」

那是一個冬天的上午，小男孩、小女孩在路邊吵了起來：「都是他亂說」、「是你記錯」、「一定是你看錯地圖」、「明明是地圖畫錯」……。十幾度的冷天氣，小孩們卻急出一身汗。

沒想到過了半小時，孩子們還在原地吵架，志工爸爸愈來愈擔心，老師卻要爸爸忍住，她依然只做一件事，彎下腰問孩子：「現在怎麼辦？」

孩子安靜下來，你看我、我看你，七嘴八舌討論，終於決定：「去問人吧。」

他們想出新方法，鼓起勇氣走進街邊的商家問路，好心的老闆娘走出店外指點一番，孩子們終於知道路線，也弄清楚自己的錯誤出在哪裡。

十分鐘的路程，最後走了一小時，但當他們抵達目的地時，早已忘記一路上的辛苦，開心得又跳又喊：「迷路一點都不可怕，我們可以看路標，還可以問人！」

志工爸爸擦擦額頭的汗，看著老師，再也忍不住：「天啊，原來你們玩真的……」他又是好笑又是驚訝，隨後卻補上一句：「下次還有這種任務，記得再叫我來！」

「課程中，小孩失控、吵架都很正常，但在爭執的一來一往之間，他們會發現，自己和友伴才是能找出解答的人。所以他們學會溝通、磨合，奠定人際合作的基礎，」唐富美說，**衝突是人生必修的功課，應該提早讓孩子學習如何處理**。

課程中更多的失控，是來自孩子不按規劃走，出現意外狀況，甚至成為老師的挑戰，但唐富美很有信心：「我們的伙伴一定都掌握得住。」

在「移動工具」主題課程中，不但由會騎腳踏車的孩子教不會的孩子，更訂出「考駕照」流程，通過者可以領到專屬駕照。

不斷調整的鷹架

四季藝術的老師都很清楚，師生互動會出現新火花、帶來新學習，所以教學規劃需要隨時修改，就像建築過程中的鷹架，總會邊建造邊調整。

在移動工具主題課程中，孩子學習騎腳踏車，卻出現意外的落鏈，老師立即引導大家討論，並且按照孩子的決定，安排「去找腳踏車店很厲害的叔叔」。這個例子正是「鷹架調整」的最好詮釋。

同樣課程，失控的狀況也不一定相同。例如，原訂主題是研究兒童用的三輪腳踏車，但有孩子帶著家裡的兩輪腳踏車來，發現輔助輪原來可以拆下來。大家馬上把自己帶來的三輪車輔助輪全拆了，下一步更「失控」到全班都想學會騎兩輪腳踏車。

對於孩子們的夢想，老師沒辦法說不，乾脆繼續「撩落去」，再把「學騎車」加進課程內容。

老師找空地做為孩子的練習場，並讓會騎的孩子當「教練」教不會的同學，孩子因此設計了教練證。他們也討論如何評估「會騎」，進一步查出機車路考的方式，訂出腳踏車「考駕照」流程，通過的人可以領到專屬駕照。

孩子的驚人潛能和發展，常讓老師驚訝萬分，尤其是年輕的新老師，紛紛表示：「孩子教會我最珍貴的一課，課本裡說的教學相長一點也沒錯」、「原來孩子們的潛力這麼驚人」、「教育的意義，不只是孩子成長，更是老師的茁壯」……
深夜時分，唐富美不急著休息，她喜歡細細閱覽老師們的工作週誌，不時總有新老師留下這樣的心得，讓她欣慰不已。
在鷹架過程中，唐富美看到孩子迸發的能量，不只是改變自己的生活，也能對周遭世界產生影響。

學會表達：孩子的城市賞蛙地圖

四季藝術黎明校有一片「賞蛙牆」，牆上大大標題寫著「台中城市賞蛙地圖」，詳細記載著青蛙生態、環境與台中市的賞蛙地點，乍看像是中學生的研究報告紀錄，再細看全是稚拙的注音符號，原來這是中、大班孩子的學習成果。
這是某一年四季藝術市政校「大樹班」的小生物主題研究。剛開始，只是一個孩子帶著蝌蚪「小黑」到班上分享，大家好奇小黑吃什麼、該養在哪裡，最後決定一起照顧小黑長大變青蛙。
隨著小黑的成長，孩子忙著研究牠的變化、餵食。沒想到，當蝌蚪小黑變成青蛙「小綠」沒幾天，突然不見了，孩子們探索的心馬上翻到下個篇章，他們想知道小綠喜歡住哪裡，更想弄清楚台中哪些地方有青蛙，因為：「那裡一定是小綠喜歡的地方！」

孩子不但認真研究、記錄和製作台中城市賞蛙地圖，更主動寫信（下圖）給當時的台中市市長，勇敢挑戰成人世界。

探索的心日益熾熱，大家想做一份台中城市賞蛙地圖，於是上網查資料、找書、問父母，但好奇心始終無法被滿足。他們想想，不如直接鎖定地點去現場調查。

青蛙多半在晚上出現，這時已非上課時間，老師又問大家：「怎麼辦？」

孩子們豈肯死心，紛紛回答：「沒關係，我們回去跟爸媽說，邀請他們一起去找青蛙。」於是，夏夜的賞蛙活動成行，二十多個孩子每週四晚上跟著老師去「聽說有青蛙」的地方探勘，全部家長都主動報名參加。

「這不是我們去說服家長，而是孩子自己的力量，他們學會如何向家長說明、說服，慢慢培養出表達的能力，」在自己家中也不斷鼓勵互相分享的唐富美認為，**在每一次主題教學中，孩子透過溝通獲得家長理解、支持和參與，是很重要的學習**。

一系列的青蛙探勘之旅，老師、孩子和家長一起拜訪了台中市的科博館、中興大學、秋紅谷等地。家長們為孩子點燈、帶路，一起領略生態的美好。

孩子望著父母，臉上全是笑容，夏夜晚風吹過了大手小手，淡淡的芬芳飄盪，那就是幸福。

賞蛙之旅不是賞一賞就結束，白天回到教室，孩子用注音、用圖畫，記下對青蛙的觀察。下一步，他們走向分享，希望把學習成果擴散出去，讓台中人一起關心青蛙、愛護生態環境。

孩子做了一份台中城市賞蛙地圖，寫信給當時的台中市市長：「我們在研究青蛙，在台中找到不同的青蛙，發現秋紅谷有澤蛙、科博館有貢德氏蛙、美術館有虎皮蛙……，我們想跟台中市的人分享，希望大家認識青蛙、保護青蛙。」

市長很快回信：「你們靠自己探索和發現不同的青蛙，簡直就是小小生態學家做研究，台中市的青蛙也因為你們的介紹，每一隻都成了大明星！」

「讓孩子們寫信給市長，是為了鼓勵他們勇敢展現自我，如果五、六歲就能向成人世界表達自己的想法，未來不論站在什麼樣的舞台，面對再巨大的高山，都會不卑不亢，絕不退縮，」唐富美很自豪，在四季藝術的教學模式之下，孩子會積極提出想法，甚至敢向成人世界提出挑戰和質疑。

學會爭取：挑戰大人的世界

幾年前，北屯校「花園班」進行蝴蝶主題課程，研究蝴蝶用什麼部位辨識氣味。孩子們一開始在書裡查到的資訊是「口器」，但訪問蝴蝶專家，答案卻是「觸角」。

他們滿心疑惑，於是開始追根究柢，最後確認，蝴蝶用觸角聞遠的氣味，用口器聞近的氣味。

辛苦找到答案後，孩子們認為書中應該寫清楚這些差異，一位小女生提出「寫信告訴出版社」，全班一致同意。他們用注音拼字寫信，提出：「我們發現兩個都有用到，請幫

在主題課程中，四季藝術的孩子除了觀察、追根究柢，也學習到「用正確態度表達想法會贏得正向回應」。

我們寫清楚一點，謝謝。」

出版社很快來信，編輯認真的回覆：「我們也向老師確認過，觸角確實也有聞氣味的功能喔！小朋友主動找到這麼有趣的知識，也積極尋求解答，對我們出書籍的人是很大的鼓勵，對我們的出版方向和內容，更是很大的幫助，期待這種相輔相成的模式，能夠維持下去。」

出版社的回信讓孩子開心了好幾天，因為這不只是對孩子的肯定，更是鼓勵，讓他們理解到，使用正確的態度表達想法會換來正向的回應。今後在人生旅途上，他們將勇於挑戰現狀、推動改變。

唐富美說，不要以為孩子小就沒有任何想法，其實他們有很大的心願，**只要大人願意傾聽、支持，就是孩子的鷹架，穩穩撐住他們向上攀爬。**

3 所有夢想都可能實現

為了鷹架孩子，在四季藝術，只要孩子們需要，挖一個池、搭一座橋，甚至建一個新校區，都可能發生。

唐富美認為，這不只是成就孩子的夢想。在實現夢想的過程中，孩子能夠親身體會如何克服困難、解決問題，並感受努力換來的成果何其美好。

十六年前，現任仁美校園長吳家秀剛離開別家幼兒園到四季藝術的西屯校任職。她看著西屯校有個九宮格式的池塘，養著魚和水生植物，「我覺得幼兒園擁有這樣的環境，非常不得了。」

沒想到開學不久，西屯校一個班的小生物主題課程上，孩子想要養魚，但他們研究後認為，校園的水池太淺，希望學校改造出不一樣的池塘。

資深老師開始引導孩子思考：要打造什麼樣的池塘？

「為什麼不是讓孩子改養別的小生物？」當時還是菜鳥的吳家秀，一度這樣想。

孩子找資料、討論，甚至畫圖，正式向園長提案並說明改建池塘的原因及方法，還希望池塘最好用石頭鋪，上面要有橋，結論更強調「小魚在那邊就可以很開心」。

吳家秀此時仍然半信半疑，因為大部分幼兒園不可能同意這件事。但是，園長認真聽了孩子提案，再往上呈給創辦人唐富美。

幾天後，挖土機真的開到西屯校門口。

「唐老師說我們要挖一個鋪石頭的池塘！」園長一宣布，孩子興奮的又跳又叫，「我們想要圓的水池」、「這裡要有橋」、「會用石頭嗎」。每天下課，他們就跑到工地旁圍觀，東指西指。

吳家秀很驚訝，這已經不是改造和擴建，而是全部重來，挖地、造景，完全依著孩子的想法做。

一個多月後，全新的池塘完工，孩子們站在橋上望著池裡的小魚，波光粼粼的倒影，映著純真與希望。

吳家秀幾年後升上主管，每次經過這個池塘，總會想起當初孩子們圍在工地旁的身影，而橋上深深淺淺的足印，更訴說著一代一代孩子的夢想、老師的努力。

她笑著說以前當老師的時候，「只要是孩子們需要的，我都可以大聲要資源，學校一定會提供。」

後來她的體會愈來愈深，傳統的教育多半要孩子配合環境和社會，但四季藝術反過來，讓環境和設施配合孩子的需求。她說：「只要你提出的內容有道理，我們都願意為你改變。」

因為，在四季藝術有一句名言，所有老師都知道：「不管多麼神奇、多麼不可思議的想法，在這裡都可以被實現，只要我們找到方法！」

在成長過程中，唐富美也因為一步步實現目標而更具自信，她相信：「**當所有夢想都有可能被實現，孩子不只充滿自信，更擁有勇氣。**」

三歲娃娃的番茄之旅

四季藝術西屯校園長哈曉如，是大家口中的「哈哈」園長，她不時會收到老師們對教學資源的申請。曾經有一位新進藝術老師在面試時感慨：「在其他的幼兒園，每次想申請品質好一點的圖畫紙，讓孩子體驗不同觸感，我都必須絞盡腦汁說明，氣得想乾脆自己掏錢買。」

這位老師後來順利進入四季藝術任教，第一次走進藝術教室時不禁尖叫：「天啊！怎麼可能？」原來，放眼望去，各式各樣的教材和素材，連壓克力原料都占滿一大排櫃子，她嚇到了，忍不住問：「你們花錢都不眨眼嗎？」

哈曉如認為，「給」是四季藝術的精神，而且給的不只是物質，更是全校的支持。幾年前她帶過一個班，進行食物主題課程時，三歲大的孩子們選定研究小番茄，而且想自己種。後來，孩子們申請到西屯校頂樓空中花園的一小片土地。

雖然小班的孩子連自己吃飯都不見得順利，但學校一樣放手讓他們試，園丁叔叔帶著他們刨土、撒種、架網架，老師陪著大家觀察做紀錄。

後來番茄冒出土，逐漸開花結果，孩子動手剪下來，開心又感動，但沒多久就開始問：「為什麼我們的番茄是黃色的？」「為什麼和平常吃的不一樣？」

三、四歲的小娃娃討論起來：「番茄是不是有很多種類和顏色？」「哈哈老師，我們可以去看不一樣的番茄嗎？」

孩子們臨時提出的要求，哈曉如答應了，立即安排一場超市與大賣場的戶外教學，原本的課程也緊急更動，藝術老師和體能老師二話不說全力配合。就連要出動校外教學的娃娃車，雖然來不及事先申請，司機也馬上點頭同意。

一群大人們沒有嫌煩，心裡都是同一個念頭：「只要孩子想要，我們就配合。」

第二天，當孩子們走進超市和賣場，看著番茄有大、中、小，還有紅的、綠的、黃的，更有圓的、長的、尖的，每張小臉都非常專注；買回來嘗嘗看，又發現各種番茄口感不一樣、酸甜度不一樣，孩子們對世界的了解又添了新頁。

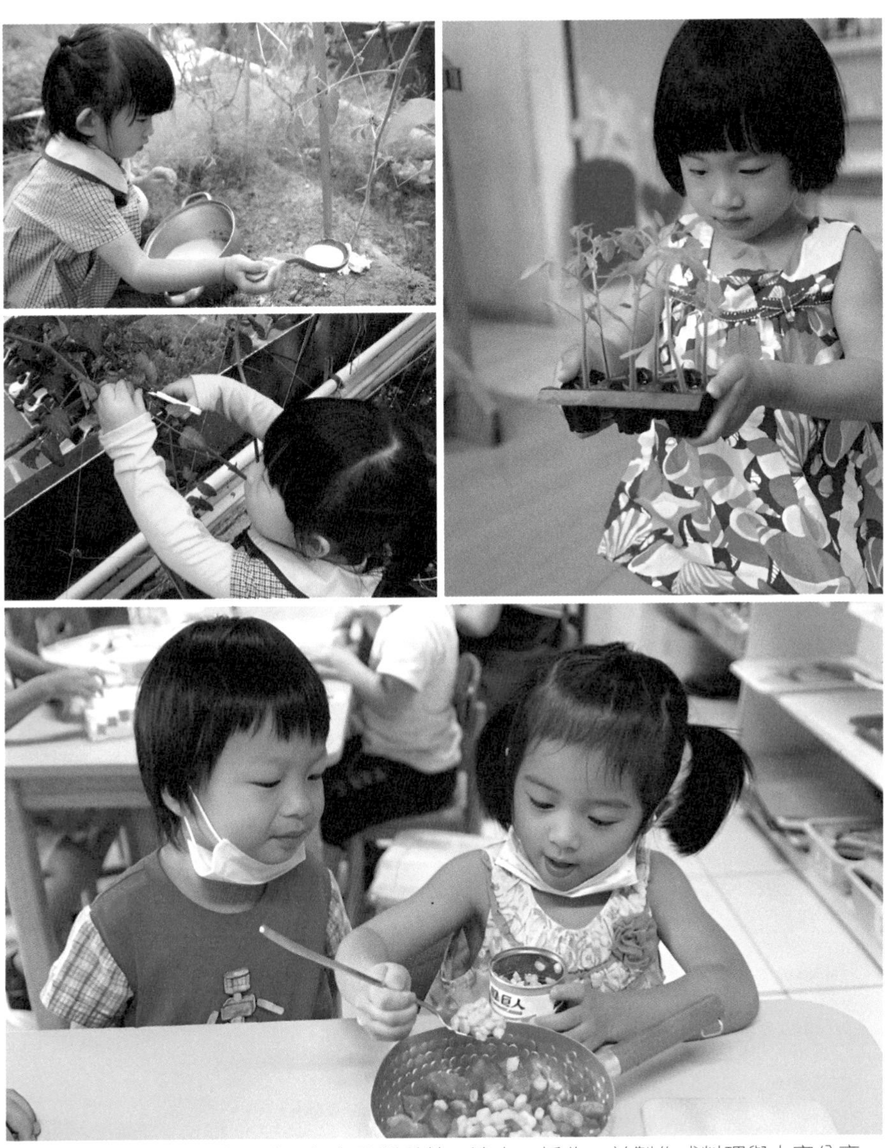

在「食物」主題課程中，孩子們自己種番茄、澆水、採收，並製作成料理與大家分享。

為了新來的烏龜，市政校的孩子們總動員，向園長提案，希望幫烏龜挖個水塘，也因此創造出新的生態校園。

這段過程影響孩子很深，他們學會研究和動手，也奠定了對世界萬物的初步認知。現在這些孩子有的已經升上國中，遇到哈曉如時，還會聊起「頂樓的黃番茄」。

「孩子在四季的每一件事，都不是轟轟烈烈的大事，但這種**細微的生活經歷，反而會成為最深刻的回憶，為生命帶來不一樣的養分，**」哈曉如細數往事，很慶幸自己參與了這些「小事」，更慶幸孩子們始終記得每一個細節裡都有著四季師長的鷹架，以及愛。

為了一隻烏龜　建造新校區

四季藝術的市政校原本只有一個校區，二〇一一年才成立另一個校區。資深一點的老師都清楚，這個新校區的起點，是一隻烏龜。

市政校位在台中南屯，有大片草地、花園，還有一個戲水池，幾年前配合孩子們在童玩主題課程完成的大竹筏而開挖，不但滿足他們水上划船的心願，更成為夏天玩水的夢幻小湖。後來的小生物主題課程，學校又幫小朋友挖了一個魚池，讓小魚悠游。

二〇一〇年的小生物主題，有個孩子帶來一隻小烏龜，大家決定放進魚池飼養，沒想到，負責魚池的園丁叔叔發現烏龜會吃小魚，必須將兩者分開飼養。

孩子們急壞了，但隨後發現，戲水池和魚池都是之前為了學長姊而挖的，於是理直氣壯問老師：「以前可以為哥哥、姊姊挖水池，為什麼現在不能為我們的烏龜再挖一個？」

孩子們在校園裡四處觀察，雖然找不到容納另一個水池的地方，卻不死心，他們發現校園隔壁有一片空地，於是向園長提案，希望在那裡挖水塘。

提案被送到唐富美桌上，孩子們期待的神情不停浮現在她腦海，她與行政團隊商量後，雙手一拍：「好！我們就來幫烏龜弄個家，也給孩子建個新校園。」

很快的，四季藝術租下隔壁的空地，做為市政校新校區，兩個班的孩子移到新校區上課，空出的原教室改做視聽圖書室，擴大成為四季藝術孩子專有的獨立閱讀空間。

當然，更重要的是四季藝術在新校區挖了一條長長的小河，做為小魚的新家，原本的池塘則讓給小烏龜獨享。當小烏龜「入厝」的那一天，孩子們開心極了，在兩個校區之間來回奔跑，園丁叔叔也陪孩子們餵魚、餵烏龜。大人、小孩都放心了。

孩子的小小烏龜夢，創造出一個生態校園。在四季藝術，任何天馬行空的念頭，都能盡情揮灑，讓想像成真。

4 點燃尋夢的火種

「我最開心的求學時光就是在四季藝術，常跟媽媽說我好想再回去讀！」台中榮民總醫院內科部住院醫師李祐嫻，露出懷念的笑容。她是四季藝術最早期的學生，正是創校階段的小小成員。

李祐嫻說，四季藝術的環境很不一樣，每次主題教學總有用不完的藝術素材讓大家發揮，而且素材多元，不只是紙張或顏料，「也許是泥巴、樹葉、小草，讓我們天馬行空去創作。」

她最喜歡每週三的戶外活動課，雖然只是去公園灌蟋蟀、找毛蟲，但那段自由奔跑和探索觀察的時光，編織成最快樂的童年，彷彿在心中留下熱愛自然的密碼。如今縱使醫師生涯忙碌，只要她有空，總能立即「解碼」，奔向山林田野，甚至還學了潛水與挑戰百岳，「不管是在山上或海裡，都會想起小時候在四季藝術的課外活動。」

她還記得，小時候有一次班上為了主題教學而設計投票活動，推派代表去「參選」，大家討論如何宣傳，忙著做海報、規劃選舉流程，那些都是她學會思考、策劃、執行的起點。她表示在就讀中國醫藥大學時，與同學發起、成立的鋼琴社，很多行動的力量正是來自四季藝術當年在她心中種下的幼苗。

難忘的溫暖體貼

現在李祐嫻不時還會到四季藝術走走。每次經過校門口，都會想起剛開始抗拒上學的時期，有一次賴在門口不肯進去，被正好經過的廚房阿姨看見，阿姨沒有叫她別哭或硬要拉她進去，而是緊緊擁抱讓她哭個夠，再拍拍她說：「沒關係，祐嫻想找媽媽對不對？」然後緩緩擦乾她的眼淚。

那一幕影響她至今，「我長大才懂，**那種被理解、被呵護、被疼愛的感覺，對一個孩子多麼重要**。」

也因為這份溫暖體貼的澆灌，李祐嫻從小到大都喜歡和長輩相處，現今在醫院裡，即使工作繁忙，她仍然樂於在病房傾聽長輩訴說昔日，更決心未來朝老年醫學的目標前進。

就像李祐嫻一樣，很多四季藝術的孩子走出不一樣的人生。他們是醫師、歌手、記者、工程師、老師……，帶著四季藝術點燃的火種，懷抱熱情，勇敢追夢。

不怕挫折　向夢想前進

畢業多年的四季藝術校友吳彥均，如今念高中，卻仍常常回學校探望老師。吳彥均當時就讀北屯校，身材瘦小，個性調皮。雖然常被老師帶到一旁談話，但老師並不會限制他的想像力，而是持續鼓勵他嘗試各種有興趣的事物，以及就算面臨挫折也要懂得自己想辦法。

有次他和家人到大賣場，偶然騎上大賣場的車，便喜歡上這種憑著自己的力量享受速度的感覺。

為了滿足孩子想在路上騎車的願望，父母帶他到專業自行車專賣店，但店長看到這個幼兒園孩子，卻拒絕賣公路車給他：「他太矮了。」

但是，吳彥均沒有氣餒，他在四季藝術學到：如果真心渴望，就要克服難關，努力向前。因此，他努力鍛鍊身體，讓自己長高，終於在即將迎來青春期的十歲，獲得人生第一台公路車。

夢想，也從這裡開始萌芽。

原本單純喜愛騎車的吳彥均，有了加入自由車隊的念頭，甚至為了就讀以自由車體育項目聞名的國中，離開熟悉的台中家鄉。

成功加入自由車校隊後，他時常因為練習或比賽而受傷。面對周遭人的不捨，吳彥均總是抬起被陽光曬黑的臉，開朗的笑說：「沒事！爬起來就好，我就是喜歡騎車。」

現在的他，已經是一個參加過大大小小競賽的金牌自由車手。

孩子讓我覺得 自己做這些很值得

在四季藝術實踐教育的路上，家長更是最直接的見證者。

四季藝術市政校藝術組組長王丰元的女兒，幼兒園中班時進入四季藝術，小學也繼續就讀四季藝術的國小課後ＥＳＬ創客學校。在四季藝術重視實地探索與動手實做的環境裡，她五、六歲就被老師帶到花市學習種植物，還到處問達人、找資料，建立對植物、昆蟲與小生物的熱愛，現在她在家裡養了二、三十盆植物，從室內到室外、什麼時候澆哪一盆，全部親力親為。

「那真的是從幼稚園就開始的鷹架，才形塑出這樣的能力跟熱情，持續到現在，」王丰元驕傲的說，她相信這些都會持續下去，甚至成為女兒未來的使命，永遠願意為保護大自然而努力。

另一位藝術老師鄭珮芬的兒子小學五年級，從幼幼班開始讀四季藝術，從此被激發強烈的探索性格，他出門必帶小包包，包包裡面永遠是小畫本、馬克筆和相機，走到哪裡就會觀察到哪裡、畫到哪裡，即使只是短暫出門吃頓飯，都會在點餐的同時開始畫畫，如果看到漂亮的擺盤還會拍照，有時更忍不住悄悄告訴媽媽：「這個菜擺盤不好，顏色配得不好……」

鄭珮芬常驚嘆：「在四季，才十歲的孩子，美感已經深到骨子裡了。」

「從孩子身上，我們覺得這幾年做的很值得，讓孩子在這樣的環境成長，是很大的禮物，」王丰元、鄭珮芬異口同聲。

她們也相信，在這場幼兒教育的長期革命中，孩子的真實人生印證了豐富的收成，所有的養分已在他們身上抽芽茁壯，吐露芬芳。

5 成為世界改變的起點

除了將鷹架理論落實在教育中，四季藝術也以相同的觀念與做法支持老師，甚至影響家長，幫助社會。

舞台的震撼教育

市政校的藝術組組長王丰元，二〇一五年從美國回到台灣，以前從事裝置藝術，沒有接觸過教育。她說：「在國外創作非常自由，想做什麼都可以放手去試，但在四季，我提出的想法，常常換來唐老師一句：『你要不要再想想？』」

她說，七、八年了，到如今還在被「磨」，「但我知道唐老師鷹架著我。」

王丰元最難忘剛到四季藝術那一年，第一次參與年度公演的幕後工作，她全力投入道具、服裝和舞台的設計，心中很雀躍。但在演出前一天下午總彩排時，唐富美卻對舞台色調不停搖頭，從衣服、道具到舞台背景，都要求換掉。

王丰元驚駭莫名，深吸一口氣才問：「為什麼？」

唐富美請她先站在舞台前面看，再到觀眾席從爸爸媽媽的視角往台上看，接著到觀眾席最後一排，然後問她：「你從很遠的地方、前面、中間、最後的位置，分別看到什麼樣子的色調？整場是否協調？從第一幕到最後一幕，之間的串場恰當嗎？」

那時候的公演在台中惠蓀堂舉辦，場地很大，王丰元來來回回跑著，有點不甘心，拚著一夜沒睡，全部換完已是隔天清晨五點。

幾小時後，公演上場，唐富美請她將整個禮堂前前後後走一遍，王丰元看著台上，不禁低聲驚呼：「啊，真的很美！」

這樣的震撼教育，為王丰元上了扎實的一課，原來幼兒園公演有這麼大的學問。

藝術家變成藝術老師

之後三年的公演彩排，忙碌的現場中，常常聽到唐富美喊王丰元：「請你趕快過來！」「你跟我到前面、中間和最後面去看……」王丰元在偌大的惠蓀堂來回跑，每次彩排結束，腿都軟了。

她坦言，初期被打槍時，心裡半信半疑，也很挫折：「唐老師說的，真的對嗎？」但一遍遍下來，「唐老師教會我在不同位置，用家長、小孩的角度看舞台，要我想想怎麼看這一場秀。」

有一次唐富美更為她分析：「我知道你在紐約念書，看過非常多百老匯音樂劇，但四季並不是百老匯，孩子才是主體。」她恍然大悟，四季舞台需要的是簡潔，不是華麗，因為公演的主角是幼兒，不能被舞台上的其他元素「吃掉」。

「唐老師不是用老闆的角色來要求我，而是用教育專業、美感體悟，讓我們心服口服，」王丰元重新學起，唐富美和四季藝術的伙伴也以無比耐心陪伴她成長。

而當年因為改布景道具導致需要加夜班搶修的慘劇，也應唐富美要求而優化流程，不再發生。

王丰元很慶幸，被鷹架的過程中，沒有失去藝術家的主體性，因為四季在教育與藝術家之間，會提供適度的尊重與發揮空間。「我從藝術家蛻變成藝術老師，還能達到工作與生活平衡，」現在的她已經了解什麼是幼兒教育、藝術教育與方案教學，並且很享受這樣的探索，每一分每一秒，都在成長。

四季藝術的鷹架教育，很多時候也引導了家長。

唐富美年輕時便透過家扶基金會認養家境清寒的孩子，她始終記得，童年時因為繳不

唐富美（台上左二）成立四季藝術教育基金會，舉辦跳蚤市場愛心募款活動，帶領四季藝術師生關懷偏鄉學童。

出幾塊錢的簿本費而被罰跪講台，以及一身被老師看不順眼的髒兮兮制服。

她盼望那些童年的眼淚和自卑，別再複製到更多底層孩子身上，創辦四季藝術之後，她決心為一株株柔弱的小草，送上春陽暖風。

改變社會的行動者

唐富美先推動低收入戶兒童免費就讀，每年釋出部分名額讓清寒家庭的孩子進入四季藝術，二〇一一年四月更成立四季藝術教育基金會，帶領四季藝術師生前進社福機構，探望老人和身心障礙的孩子。

同時，老師也在課堂上引導討論，讓孩子們開始理解「世界上有很多小孩和我們不一樣」、關心「我們能為他們做什麼」。

剛開始時，曾有國小課後ＥＳＬ的家長不諒解，認為：「我家小孩是來上學的，為何要去服務老人？」但孩子回家後分享了他們的感動：「媽媽，我覺得爺爺奶奶們好可愛。」家長聽了，開始去審視家庭的價值，甚至關注弱勢長者，進而逐漸理解到：教育，除了教導知識、能力，還能夠孕育溫柔仁慈的心。

這些活動和孩子的熱誠，感動家長，也改變了家庭文化。

四季藝術和偏鄉學校合作，每月定期提供弱勢學童就學生活津貼。四季藝術的孩子如

四季藝術的孩子們拜訪社福機構，在與長輩互動的過程中，孕育仁慈的心。

果願意，也可以一年資助三百元，大家合力認養弱勢學童。但這筆錢需要親子共存，由孩子透過做家事等方式賺取一半，另外一半則由父母負擔。

唐富美說，當孩子和父母討論資助計畫時，就是一個改變世界的小小行動者，從一百五十元起步，讓自己和家長一起學習做手心向下的人。

許多家長受到四季藝術的影響，跟著孩子做起志工，甚至主動捐飲料、辦義剪，有些家庭甚至在孩子畢業後，依然親子一起認養弱勢學童。

連續兩屆擔任四季藝術基金會董事的黎淑婷說，面對家長曾經的反彈，唐富美堅持做對的事，也因為這份堅持，埋下善良的種子，影響的不只是孩子，更是孩子們背後的整個家庭。

黎淑婷分析，四季藝術不是把自己關在象牙塔裡，而是帶孩子走出去，在富足中看見別人的需要，這是台灣教育很容易忽略的部分，更是社會改革的起點。

有趣、益智又助人

每年十一月，四季藝術會舉辦教學成果的跳蚤市場活動。這一天，每班孩子要把上學期的班級主題研究成果設計成遊戲，讓別班孩子進行闖關。

每個班級的研究內容不同，因此孩子在闖關遊戲時，可以體驗各班的研究歷程，並且透過挑戰相關知識性問題，拓展學習面向、觀摩別人的研究方法，過程有趣又益智，因此買票闖關的人非常熱烈。

看著全校積極投入，熱情的家長也會主動帶孩子捐物資，擺攤進行義賣。雖然活動只有大約兩小時，但是每次結算，各校區合計可以募到超過百萬元。這筆金額，全數投入認養弱勢學童和捐助社福機構。

客製化的聖誕禮物

四季藝術走進社會，不只是貢獻自己的力量，更希望走入受助者的內心。

因為童年時期對文化的渴望，唐富美希望偏鄉孩子能夠享受城市資源。在疫情前，四季藝術每年舉辦偏鄉學童的城市交流活動，並且和中部地區多所偏鄉小學合作，每年資助一百多名清寒學童參加。除了安排他們參加四季藝術的跳蚤市場、欣賞台中的藝文演出，期間，唐富美和園長也會輪流探望孩子們，細讀他們寫來的每一封信，關心他們的生活以及需求。

十多年下來的支持行動，四季藝術不只是給錢而已。有一年聖誕節前夕，唐富美發現孩子渴望擁有運動鞋，便想全面客製化禮物，完成他們真正的心願。

她請伙伴們調查孩子的尺寸和偏好，「心願名單」陸續送到四季：「我穿二十號半，

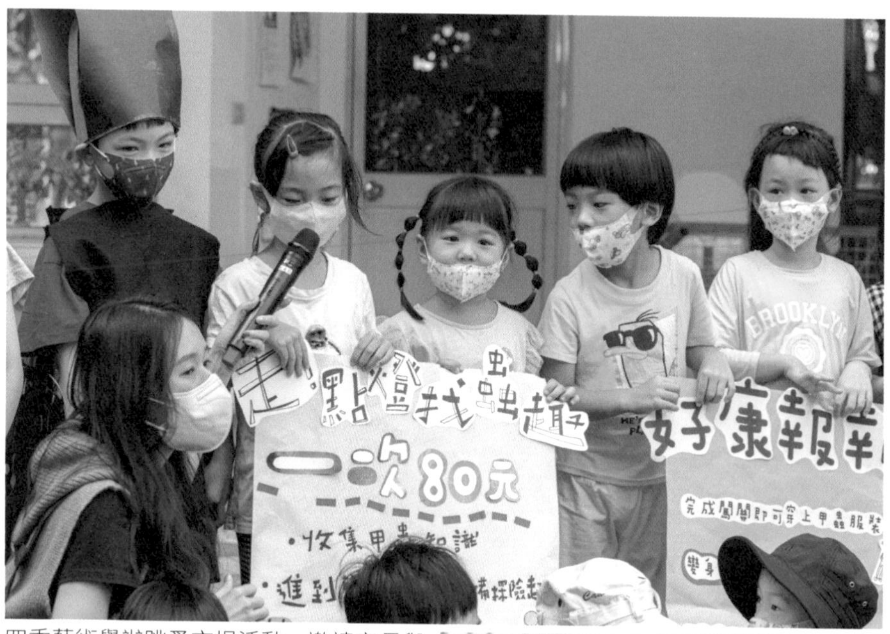

四季藝術舉辦跳蚤市場活動，邀請家長與孩子們進行闖關遊戲，並將全部收入用來幫助有需要的人。

想要粉紅色的Nike」、「我的腳二十四號半，很想要黑色的Adidas」……。然後，與有愛心的廠商合作，依著名單一雙一雙尋找知名品牌且尺寸剛好的運動鞋，最後全部買齊，送到基金會辦公室，再由教職員、志工伙伴一雙一雙包裝，親手寫上一張又一張的卡片，在聖誕節前寄送到孩子手中。

聖誕節過後沒多久，唐富美收到孩子的卡片，字裡行間不只感謝，更洋溢著濃濃的幸福。有個小男孩寫下「我穿新鞋在運動會跑第一名，阿嬤開心得都哭了」，唐富美的眼睛也紅了。

「四季藝術資助每所學校和學童的金額雖然不高，但分布很廣，也展現背後的細心和執著，」黎淑婷說，一雙運動鞋，一個微小的方案，就是啟動一個希望、一份影響力。

她以「凱瑟琳蚊帳」行動為例，美國女孩凱瑟琳（Katherine Commale）從五歲開始推動為非洲小孩買蚊帳的募款，以免他們因感染瘧疾而死亡；六歲時，已經募到六千多美元。她的努力感動愈來愈多人，最後比爾及梅琳達．蓋茲基金會（Bill & Melinda Gates Foundation）捐出三百萬美元。當時七歲的凱瑟琳，已經搶救了上百萬名非洲小孩的健康。

同樣的，在台灣，四季藝術點燃孩子心中的火苗，黎淑婷深信這將帶出更多的凱瑟琳。她也期盼台灣有更多幼兒園投入公益，只要一個孩子的心被啟動，就猶如天上閃起一顆星，當星星一顆接一顆亮起，最後終將照亮夜空。而四季藝術這座鷹架，也完成存在的最大價值。

第 5 部

從共備到共好

為了推動理想中的教育，

四季藝術在創校初期歷經淚水與瓶頸。

但是唐富美堅持信念，

以分工共備制度，

建構均質且優質的教學，

也形塑了分享的團隊文化，打造幸福職場。

1 沒有解決不了的問題

一九九六年，唐富美憑著滿腔熱血創立四季藝術幼兒園，積極把瑞吉歐教育引進台灣。她高薪聘請有理想、願意突破傳統的幼教老師，帶著他們不斷討論、找資料，並邀請幼教學者來授課，但不管怎麼努力，無論主題訂定、教學方式與內容，有些老師還是因為難以建構出主題式教學的完整內涵，感到挫折。

過程中最困難的，是主題與學習區的結合。四季藝術幼兒園在每一個班級教室設置六大學習區，包括：科學、益智、語文、裝扮、積木和藝術工作。每個學習區都必須緊扣教學主題，但兩者要巧妙連結卻不容易，例如：進行小生物主題時，益智區需要準備什麼教材、教具？語文區要進行什麼活動？老師們費盡心力。

每次輔導教授到四季藝術上課的時候，總是在老師們的報告上批滿紅字，也嚴格指出學習區和教學方法的問題。為了改善成果，他們時常留在教室反覆討論、熬夜製作教案和教具。

沒想到難成這樣

吳家秀記得剛到四季藝術西屯校的第三個月，有一天晚上，她加班規劃教案，做著做著就哭了起來。

「我好茫然，沒想到一份幼兒園的工作，有這麼多事項需要了解、準備，」即使教學組組長已經教了很多，她依然抓不到頭緒。如今回想起來，她還是苦笑，「我知道四季藝術的教學很有挑戰性，可是不知道竟然會如此困難……」

吳家秀當年的淚水，反映出四季藝術多數老師的瓶頸：只覺得好辛苦，卻總是找不到出路。

唐富美看在眼裡，既心疼又自責。她很感動伙伴們對幼教改革的努力與拚勁，但內心也清楚，這樣的熱情與能量不能再耗損下去。

她常常和老師們開完會後，心中升起千百個抱歉，「我知道這樣的教育很重要，但是伙伴們的挫折讓我很迷惘，覺得都是我讓大家這麼累，是否還要堅持下去？」

做一個開創歷史的人

直到二〇〇三年八月一個夏夜，唐富美才找到答案。

那天正是雲門舞集三十週年在國家戲劇院的演出，場內爆滿，場外還有幾萬人席地而坐，守著投影布幕看轉播。台上的舞者揮灑汗水，延展到極致的肢體充滿力量，台下全場屏息，許多人濕了眼眶。

最後謝幕時，歡呼聲與掌聲震破天際，雲門舞集創辦人林懷民走上舞台，俯首再俯首，訴說著雲門經歷無數的痛苦挫折但始終堅持，他更要感謝雲門舞者不離不棄的一路陪伴。

戶外廣場上，雲門更拉起巨幅布幕，上頭寫著四個大大紅字：大家加油。

唐富美在現場，看著看著，痛哭失聲。

她想著，雲門舞集三十年走過篳路藍縷，也有一些舞者因為撐不下去而離開，但林懷民不曾放棄，最後不但為台灣帶來榮光，也對台灣的藝術文化發揮巨大影響。

望著林懷民令人敬仰的身影，唐富美心中的霾霧逐漸散去，淚眼雖然迷濛，但心中的教育夢想再度清晰，她期許自己做一個開創歷史的人，即使有再多的艱難險阻，都要堅持下去。

「沒有解決不了的問題，只是我還沒有找到方法，」唐富美挺起瘦弱的肩，信念與決心再度堅定如山。

2 共備讓我們有底氣

唐富美決定重新出發。她盡全力找辦法，改善老師備課的難題。

她和各校主管討論後發現，各自備課時，有的老師能規劃非常棒的課程，有的老師則是擅長現場教學，每個人的資質和能力不一樣，她認為：「透過合作，讓孩子們都擁有特優的教育品質，才是最首要的。」

打出團體仗

團隊達成共識後，建立全新方向——成立跨校共同備課（簡稱共備）的學習社群，更新、整合教學知識庫，改採團體戰。

唐富美（左三）表示，不同分校的老師們可透過跨校分工共備制度，確保教學方向一致，達到高水準的均質。

首先，從四季藝術五個學校的特優教師中，選出不帶班的巡輔組組長，負責教學、活動研發與進班輔導的工作。巡輔組組長會與各校的教學主管、園長合作分工，依不同專案，分別整理出完整的理論和做法，包含：課程設計、學習區規劃、活動策略、親師溝通等；再運用專案管理數位系統，即時分享給各個分校，同時管理進度。

另外，每個學校會再從其他特優教師中選出幾位跨校的班群組組長，帶領相同課程發展方向的班級教師，依照教學的理論和做法，進行共備的示範與教導。

每位老師在第一線教學時，可以運用這些專案的共備資源，過程中也能夠隨時回饋想法、創意，甚至一起加入資源的蒐集與共享，以便迅速調整和精進教學內容，和拓展班群的備課深度。這樣不但能建立新老師的信心，同時可以提升班群組組長的成就感。

四季藝術黎明校教學主管曾莉雯，就是跨校共同備課的受惠者。當她還是新老師的時候，主題課程內容和學習區經營常常讓她挫折連連，但是藉由共備，她不必再毫無頭緒的自行摸索，透過經驗豐富的班群組組長引導，她一步步建立信心，熟悉教學工作，並且快速的成長。

唐富美表示，這樣的方式，能夠確保四季藝術教育內容的持續創新，讓各分校教學方向一致，達成高水準的「均質」，也能夠分散伙伴們的工作量，進而達到生活平衡。

同時，四季藝術展開全方位的人才培育制度，強化老師的專業。

唐富美認為，人才是企業的基礎，年輕老師的熱情和創意，更是幼兒教育最大的資產。因此，二〇一〇年，她建立幼教界罕見的專職人才發展部門，負責人力資源的選、育、用、留。

其中的師資培訓制度，更是突破業界傳統做法，為教育注入活力。

全方位的人才培育制度

針對新進老師，放棄幼教界慣用資深帶新人的師徒制，改由人才發展部門與共備學習社群的現場教學主管合力，以系統化師訓模組和不同的工作坊，為新老師培育專業職能和教學能力。

每年暑假為期兩週的新人師資培訓課程結束後，每位新老師都彷彿脫胎換骨，從青澀緊張轉變成勇敢自信，誓言成為更棒的老師。

四季藝術的數百位老師還會定期接受各式各樣的訓練方案，包括線上或實體課程、跨班跨校實習輔導與教學觀摩等，透過相互學習、彼此激勵，以群體合作的方式，建立綿密的支持系統。

專業的體能、音樂、藝術和外語老師，同樣也要接受教育訓練的會議和工作坊。

如今，跨校分工共備制度成為四季藝術提升教學品質的核心策略，回顧當年開展制度之初所經歷的磨合，大家仍然覺得非常有價值。

吳家秀表示，在四季藝術展開教學知識庫重新整合及跨校分工共備制度的初期，身為西屯校教學主管的她，全程參與籌備，並負責師資培訓、建構主題脈絡網與多項輔導案。

其中最沉重的工作項目，莫過於輔導案。由四季藝術邀請的教授每兩週一次進班了解上課狀況並進行輔導，吳家秀必須整理教學主題、學習區經營等資料給教授，同時把教授的建議轉達給老師們。不只如此，吳家秀和唐富美、各校園長、教學主管，還要跟教授「出巡」到各分校。

她細數：「教授每到一個分校輔導，我都要專注聽他們有沒有不一樣的建議，回到西屯校後趕緊進行調整，避免重複犯錯。」

為了完成工作，那時候的吳家秀認為「我就跟它耗下去，加班到幾點都沒關係」。多數老師也是如此，衝勁十足。

用共備翻身雪恥的園長

隨著歲月增長，大家陸續結婚生子，家庭的負擔日益增加，這樣的工作量已經影響到生活。

吳家秀以自己為例，身為園長的她，除了備課，還要處理大量的行政工作、家長問題，家中年幼的孩子也需要照顧。太多衝擊和壓力襲來，她常常處於左支右絀的狀態。某一次年度公演，她被壓垮了。

四季藝術每一年都會舉辦的公演與評核，是各校各班展現學習成果的最佳舞台，全體師生無不卯足全力，希望呈現最棒的成果。然而，吳家秀萬萬沒想到，她擔任西屯校園長的首次公演，西屯校創下四季藝術成立以來的新紀錄——全校二十幾個節目，沒有一個被評核為「特優」。

「當時全校沒有一個節目獲得特優，我嚇傻了。怎麼可以把團隊帶成這樣？」吳家秀回憶，那陣子老師們很挫折，她也開始思考自己心力交瘁的原因。

這個時候，唐富美要她先靜下心來，鼓勵她主動尋找解決的方法，並陪著她一起展開行動。

她們帶著老師們檢討年度公演的問題，把所有需要優化的重點寫成備忘錄，甚至做了詳細的「公演前必讀」手冊，希望在下一次預備公演的時候重新讀過，以避免犯下相同的錯誤。

同時，吳家秀召集伙伴討論，訂出分工共備方案，調整工作方式，設立每個人的目標，完成後再一起分享，以提升團隊效益。

隔年的公演，「西屯校幾乎所有節目都獲得特優，整體的氛圍、活力，和前一年非常不同，」吳家秀表示，這一次訂出的共備方案，成為接下來唐富美推動跨校分工共備制度的基礎和起點。

四季藝術擁有幼教界罕見的專職人才發展部門，採用系統化師訓模組和不同的工作坊，為新老師培育專業教學能力。

新手的奇蹟

二〇二二年一月，哈曉如剛被調任四季藝術黎明校園長，「黎明校當時比較新，老師比較資淺，我也是個不算資深的園長，那時候真的超緊張。」

所幸，四季藝術的跨校分工共備制度已發展成熟扎實，為她帶來莫大幫助。

哈曉如一上任，剛好碰到重頭戲——年度公演。當時她一度很擔心：黎明校新組長的公演準備經驗較不足，產出的內容不一定能用，如何帶領孩子站上舞台表演？

不過，唐富美和資深園長都為她打氣，鼓勵她相信跨校分工共備制度會撐住黎明校的大家。之後她也發現，原來二〇二二年重新修訂的籌備專案裡，詳細載明年度公演每個階段，從主軸發想、分鏡圖、節目設計，到帶孩子研究和準備道具、彩排、正式上場，每一步驟都精準實用，可說是新手老師的「聖經」。

「跨校分工共備，讓我們有了底氣，」哈曉如說，藉著跨校分工共備，黎明校日益踏實的往前邁進，並在二〇二二年四月順利完成年度公演，讓孩子們擁有難忘的舞台經驗，更令人驚奇的是，黎明校所有節目都拿到特優。

那一天，哈曉如和老師們抱在一起又哭又笑，沒想到第一次的成果就如此輝煌。

分工共備制度也讓黎明校老師們在日常工作上，有了堅實的依靠。哈曉如舉例說明，一項專案就有一份專屬表格或是一套標準作業程序，建置在專案管理數位系統上，包括：

會議怎麼開？該避免什麼？該注意什麼？扎實詳盡的程度，即使是新手主管都可以按表操課，不必擔憂做不好，更不會累到工作做不完。

哈曉如驕傲的說：「這讓大家很安心，照著做即可高標過關；確實執行，就能達到九十分；如果再多些創意，分數還會往上加！」

無私分享　成就共好

分享，正是分工共備的另一個核心。

哈曉如升任園長以來，在分工共備方案深刻感受到伙伴的無私。當年還是菜鳥園長的她，經常接收到其他園長不吝傳授的經驗和提醒，而且園長們還會跨校彼此分享。

除了跨校橫向聯繫，這些經驗也會縱向往校內擴散。哈曉如說，通常開完一場會議，每個老師就會學到巨細靡遺的相關事項，例如公演時的機器燈光如何架設、錄影的細節、人員走位……，都能快速且清楚掌握。

分工共備制度的起點，原只是為了減輕老師們工作負擔，並達到均質的教育目標，但一路下來，逐漸形塑出四季藝術特有的企業文化——無私。猶如在自己家族裡全心塑造「分享、傳承」的家風，唐富美看到因為共備、分享而帶來的生命成長與團隊精進，雖然感到驚喜卻也不意外。

當然，要持續無私文化不能只靠個人情感，還需要制度的引導。四季藝術有清楚的評核系統，其中最核心的項目，就是如何幫助別人成功，而且是由跨校、跨部門共同評核。老師們也更清楚知道，有效推動分工共備、協助別人達到目標，自己才能獲得更好的評核成績、薪資和紅利。

唐富美很清楚，**教育是一場漫長的戰役，組織中有扣住核心理念的系統，更能維繫微妙而看不見的情感，激發出持續的教育熱情**，這是四季藝術最珍貴的資產。

而在伙伴眼中，領導者的以身示範更猶如細雨潤物，安靜卻全面的影響眾人。吳家秀說「我們有一個帶頭分享、激勵大家的創辦人」，在她的潛移默化下，老師們樂於分享、學習，「這是四季藝術很特別的精神，也會讓教學品質維持穩定。」

滿腔熱血化為斐然成績

共備，在四季藝術內為師生創造出優良且均質的教育；對外，更得到國內外幼教界的讚美與肯定。

台北市立大學幼兒教育學系退休副教授幸曼玲，非常讚賞唐富美在教學上的求新求變。二〇二二年，唐富美獲得「星雲教育獎」的典範教師獎，幸曼玲就特別推薦四季藝術為跨校分工共備制度建立的教學知識庫。

以扣住核心理念的系統與制度，激發和持續老師們的教育熱情，是四季藝術最珍貴的資產。

她說，唐富美在二十多年前推動分工共備制度，相當具有前瞻性，更讓她驚訝的是，十年前她再次參訪四季藝術時，發現當年花大錢製作的教學知識庫竟然被打掉重建，精益求精，讓新進老師可以更有系統的查詢資料和吸收經驗，每年還會根據使用者需求修正知識庫。

唐富美自信的說，四季藝術的教學知識庫和跨校分工共備制度有如寶藏，各分校任何一個工作臨時出現人事變動，「新手上來也不會出差錯，孩子們仍然能享有高品質的教育內涵。」

這樣優秀的成果，讓四季藝術兩度榮獲有「教育界奧斯卡獎」之稱的教育部「教學卓越金質獎」，創下私立幼兒園獲得此獎的紀錄。二〇一八年，教育部課綱審查委員團隊還特地到四季藝術參訪。

在國內外擴散影響力

在深受肯定之外，四季藝術更積極向外分享自己的經營與教育理念，擴散影響力。

唐富美經常帶著伙伴在國內外發表教學成果，海內外論文發表三十六次，每次都迎來如雷掌聲。

她也屢次受邀出任官方教育評鑑與諮商委員，並深入校園與大學幼教系所合作授課。

例如：十多年前香港幼教界多次參訪四季藝術，他們對四季藝術的學習角落、教學模式大感驚奇，後來，香港教育局統籌委託四季藝術為香港的幼稚園園長、校長與主管設計了三天的培訓、觀摩交流課程。二〇一五年，唐富美更獲聘為香港中文大學教育學院與學校伙伴協作中心榮譽顧問。

一向走在開放式教育前端的美國幼教界，也屢次對四季藝術豎起大拇指。

美國賓州州立大學藝術教育研究所榮譽教授威爾森（Brent Wilson）曾三度來訪，留下「世界上所有的學校，都應該跟這所學校一樣」的讚嘆。

二〇一一年，美國瑞吉歐理論重量級學者紐伊（Rebecca New）到訪，對四季藝術的教學成果表達了高度的認同與讚賞。

美國創客教育先驅、舊金山知名創客學校Brightworks創辦人特利（Gever Tulley），於二〇一五年參訪四季藝術，頻頻說出「太不可思議」。第二天他在台北演講，不只幾度分享他在四季藝術參訪的心得，更大力讚賞台灣教育的進步。

創校至今，來自台灣各界的參訪有幾百場，遠自歐洲、美國、中國大陸和日、港、星、馬等國家前來的參訪也有好幾十場，還有無數海外媒體報導，唐富美當年的滿腔熱血化為斐然的成績。

3 藝術家也要像孩子一樣思考

北屯校的藝術組組長陳怡君，六年多前剛進四季藝術擔任藝術老師。她回憶，那時的課程主題是移動工具，藝術老師們要負責打造搭配教學的藝術情境。

為了激發學生思考，四季藝術會運用各種視覺圖像、生活化的素材，營造校園情境，提高孩子的探索能力並且建構視覺邏輯。藝術情境的呈現，更是藝術創作精神與內涵的展現，不僅需要運用個人在藝術創作領域的經驗與專長，傳達藝術家對主題的解讀與美學教育的能力，更能夠擴展孩子們視覺經驗的極限想像。

陳怡君和其他藝術老師討論後，選擇採用一面白牆做為藝術情境，「我們想在牆上貼滿各種移動工具的零件，全噴成白色，再透過彩色投影在白牆上。當燈光調暗時，還可顯現移動工具的故事。」

三位藝術老師一心以為這點子「超級酷」，沒想到唐富美的反應，截然相反。

被打槍的白牆

一看到白牆，唐富美直接讓這幾位老師站到主題牆前面，詢問他們：「你們覺得主題牆如何？」

還是菜鳥的陳怡君，天真的大聲說：「超酷的，很敢啊！」

唐富美嚴肅的再問：「你們有沒有想清楚再做？」

她還是不懂，反問：「為什麼這樣不行？」

唐富美耐著性子解釋：「我了解你們運用很多藝術家的想法，但這片牆位於門口，是大家走進學校看見的第一面牆。大門口的燈平時都是開啟的，如果要投影，必須關燈，但是學校不可能讓入口一片黑暗。所以亮燈時，那是什麼感覺？」

說完，她又要三位老師蹲下來，再問：「現在的高度是孩子的高度，你們看到了什麼？」陳怡君還是直覺的回答「一面白牆」，但又解釋「因為我們想要投影」，她實在不明白問題出在哪裡。

唐富美看著年輕卻認真的臉孔，沒有不耐煩：「還沒投影前，孩子看到什麼？」她持續引導老師們從孩子的角度去想像。她說明，主題開始前，孩子對移動工具還沒有概念，

藝術老師必須像孩子一樣思考，打造出能夠吸引他們五感探索的藝術教學情境。

需要的是真實五感探索體驗的機會，所以要讓孩子真正的看到、摸到、動手操作。這才是情境設計的真正目標。

陳怡君終於醒悟：「原來在孩子眼裡和心裡，真的只看到一片白牆！」

這場震撼教育，重重打醒了陳怡君。她在美國拿到藝術碩士，帶著藝術家光環到四季藝術，但她驚覺到：「這裡做的是藝術教育，四季藝術要孩子像藝術家一樣思考。相對的，**藝術家也要像孩子一樣思考！**」

這次對話，也引發唐富美著手推動藝術情境的共備方案。陳怡君說，當時的四季藝術只有教學的共備方案，在藝術情境的打造上，還沒有很完整的共備方案，因此，唐富美要他們先去觀摩其他分校怎麼做。

讓美深植孩子的日常

四季藝術的藝術情境是跨領域的概念統合，打造兼具美感與操作性、支持性的教室和校園情境。

以「食物」的主題課程為例，藝術老師會打造料理廚房、小農蔬果攤、溫馨餐桌等食物主題牆，再用洞洞板展示一系列孩子的童趣創作或餐具、廚具，讓整體情境充滿吸引力，進而使孩子駐足主題牆遊戲探索。

尤其在美感上，藝術情境特別強調教室的整體設計，像是與綠色蔬菜相互映襯的盆栽、用藤籃懸吊的乾燥食物、整齊排列的廚房用具、旋轉木盤展示的食物模型等，把美的因子埋入孩子的日常學習。

當唐富美決心建立藝術情境的共備方案時，藝術老師們展開跨校對話、腦力激盪，分享各自的設計圖，交換想法，陳怡君說：「這是老師間的鷹架。四季藝術的伙伴會來幫助我，這讓我很放心，也很感動。」

她也坦言，早期北屯校新伙伴的各種想法不時會被「打槍」，自尊心和鬥志很容易被扼殺。有了共備方案之後，他們少走很多冤枉路，士氣提升許多。

不過，共備也絕非因循舊制，每一次的教案都必須加入新的理念與活水，尤其唐富美對每一學期的課程內容都力求完美，因此三不五時，總有老師的共備教案被她打回票。

從主題教學到體能、音樂和藝術課，每次分工共備的過程，都顛覆了慣有的思考，而絞盡腦汁的細膩規劃，老師們也宛如經歷一次專業的重生。

現在的陳怡君已經是藝術組組長，持續向更多新老師傳承經驗，「我永遠忘不了唐老師當年在白牆前的神情和談話。」那是她投身藝術教育的啟蒙，悟出四季藝術的核心價值不是藝術創作，而是孩子們真真切切感受到、摸到、看到，甚至聞得到的藝術情境。

那是對未來一生的啟發，更是教育的真諦。

4 數位創新　共備二・〇

多年前，四季藝術的老師們為了提升教學品質，加班是常態。他們大多是女性，身兼妻子、媳婦、媽媽多重角色，常在工作和家庭之間奔忙，甚至有公婆疑惑的問媳婦：「幼兒園不就是帶小孩嗎？小孩都放學回家了，你在加什麼班？」

看著老師們肩膀沉重，唐富美很心疼。她再次展現解決問題的信念，帶領四季藝術展開數位轉型，決定運用行動科技，打造工作與生活平衡的幸福職場。

四季藝術從創校時期就開始電腦化工作，二〇〇三年更達成無紙化辦公室目標。二〇一六年，唐富美觀察到，既有的數位化系統雖然讓組織運作順利，卻無法解決教學工作量過重的問題，決心以「伙伴準時下班，工作與生活平衡」做為數位轉型的年度目標，希望藉著數位工具行動化——採用手機行動ＡＰＰ，打破工作的時間和空間限制，讓所有人都可以隨時隨地共備與合作，減輕負擔。

一開始，許多老師都認為太困難，因為幼兒園的系統量小，不是市場的主流，要和系統廠商深度合作研發，勢必要耗費大量時間與金錢。但唐富美依然堅定，她先花了一年多尋找系統廠商，再花兩年和廠商深入討論，提供四季藝術系統化流程概念，雙方定期會議、共同研發，並將教育部新課綱的評量系統，結合特優教師的評量文字資料庫，全部轉化並上線，最後成功開發出有二十九種功能的四季藝術校務行動ＡＰＰ。

經由線上平台，四季藝術的老師們可以直接使用手機，運用教學知識庫進行共備，還能輕鬆完成孩子的檔案評量和親師溝通，也能隨時隨地傳輸即時文字和語音紀錄，撰寫教學週誌。以前的老師每天要花數小時在學校電腦前工作，現在只要滑開手機，隨時隨地即可完成。另一方面，因為大數據的建立，行政作業與教學方向更加精準，堪稱是共備制度的大升級，進入二．〇版。

長輩也會用的ＡＰＰ

二〇一九年九月，數位創新全面擴展，兩千多位家長都可以登入專屬的「四季藝術兒童教育機構」ＡＰＰ。透過這個ＡＰＰ，家長除了可以與老師保持溝通，也能看到老師上傳的教學內容，了解孩子的學習狀況、校園點滴，同時掌握各項活動訊息。唐富美很自

每一支線上教學影片，都是全體師生不斷摸索、嘗試、修正才完成的作品，只為提供孩子們創意與品質兼具的內容。

豪：「我們的APP，連阿公阿嬤都會用。」

這份立即的分享，換來許多家庭的喜悅：在中國大陸工作的爸爸、住在台北的阿嬤、定居美國的姑姑……，即使海角天涯，都有了共同的話題和親密的溝通橋梁。

有一位遠在英國工作的爸爸，每天點開手機，就能夠看見台灣的兒子在幼兒園畫畫、種地瓜、修腳踏車，數千公里外的他在APP上留言：「謝謝你們，讓我不會再錯過兒子的成長。」e化在四季藝術的親師之間，創造了效率和便利，帶來緊密的連結。更讓唐富美欣慰的是，如今每到下班時間，再也不會看到伙伴們埋頭忙碌的身影，那些燈火通明的校園夜景，終於走進歷史。

我會在後面支持你

在伙伴眼中，這段數位轉型的歷程雖然困難，但是極為堅定且溫暖。四季藝術註冊組主任黃詩方全程參與，她說，轉型過程中曾有許多拉扯，但唐富美的方向一直很明確：數位是未來趨勢，團隊必須思考如何讓家長更便利。

讓她感動的是，唐富美的支持和鼓勵。黃詩方記得，轉型的第一年，四季藝術首度推出課後ESL課程報名的線上系統，一開放報名即秒殺，但是因為兩、三千名家長同時上線搶名額，造成系統馬上當機，家長們的電話瘋狂打進各校，伙伴們拚全力處理，所幸十分鐘後系統修復，度過危機。

黃詩方當時一度嚇到，忍不住跟伙伴說自己快撐不下去了，但唐富美拍拍她的肩膀，鼓勵她：「不要擔心，我會在後面支持你……」

那淡淡的一句話，後來成為黃詩方極重要的力量。她說出很多伙伴的心聲：「唐姊就是全力撐住我們，讓我們可以更勇敢去實現願景，把新的、便利的工作模式帶給伙伴、帶給家長、帶給四季……」

超前部署APP化解危機

行動數位創新，更帶著四季藝術在COVID-19陰影下，打了漂亮的一仗。

二〇二〇年年初，COVID-19的風暴席捲全世界，歐美染疫人數快速飆升，台灣也陷入搶口罩、量體溫的風聲鶴唳。同一年的三月起，許多遠在美國的台灣留學生紛紛避疫回台，唐富美的小兒子黃睦傑也是其中之一。

根據當時的防疫規定，他回台第二天即在自家房間隔離，進出都戴著N95口罩，一、兩天後因喉嚨不舒服就診，檢查發現他有輕微肺浸潤症狀，往上提報「疑似確診」，立刻被送進隔離病房。

唐富美的先生黃文彬當時是台中市政府都市發展局局長，接到訊息時，正在市政府開會。他先向市府長官報告隔天請假的可能性，一句「兒子疑似確診」嚇壞全場，消息火速傳開，媒體紛紛報導。

當晚七點左右，四季藝術的APP瘋狂響聲，全是家長留言詢問。即使早在一個月前，四季藝術已加強防疫，各分校間中斷交流，師生進出全面分流，唐富美也停止到各校區，但家長們還是高度緊張。

唐富美先擱下對兒子健康的憂心，全心面對家長。她透過線上系統，發動四季藝術四百多位老師全體專注於回覆家長，同時與主管們討論因應步驟。直到半夜才終於完成所有回應，老師們同時整理出一份正式聲明。

凌晨兩點，唐富美冒著擾人清夢的風險發出聲明。沒想到才發出去幾分鐘，APP不斷響起「已讀」的回應。

手機響了一夜，唐富美有點意外，但也明白家長的憂心，更慶幸早已啟動e化，「我們靠著一個APP，在最短時間內向兩千多個家庭清楚溝通。」

隔天上午，黃睦傑經由快篩證實是陰性，第三天出院回家，唐富美鬆了一口氣。她也很欣慰四季藝術請假的孩子非常少，事後更證明這兩千多個孩子沒有發生任何問題。

二〇二〇年疫情初期，台灣病例數極少，一度被視為全球防疫的模範生，但唐富美不敢掉以輕心，每天看著國外飆升的疫情，她告訴四季藝術的伙伴：「台灣不可能躲得過。」

四季藝術火速成立疫情指揮與危機處理中心，由市政校負責分工共備，隨時整合防疫訊息和指令。中央與地方政府每天發布新規定和新措施，市政校必須馬上彙整，立即提供因應的標準做法，與唐富美討論、確認，並通知各校，讓他們迅速因應調整，並在第一時間透過ＡＰＰ告知家長。

零距離線上教學

二〇二一年五月，疫情爆發，全台進入三級警戒，各級學校停課不停學；五月十八日，教育部宣布各級學校因應疫情停課，改為居家線上學習。當天，唐富美立即帶著所有主管開會到半夜；五月十九日是正式停課的第一天，四季藝術校務ＡＰＰ已經成立數位線上課程專區，五個分校全部轉換成線上教學，四百多位伙伴立即投入企劃、拍片，打破長年以來的實體教學模式，創新出發。

七月底，全台疫情警戒標準降為二級，兩個多月期間，四季藝術團隊發揮驚人的效率和實力，透過跨校分工共備，拍攝出一千兩百多支教學影片，進行六千多場直播。

四季藝術的孩子們大部分都在家，但每天作息完全比照校內，雖然隔著電腦螢幕教學，老師一樣引導孩子思考、討論、動手做，兩千多份教學素材更準時送到每個孩子手上，每一份材料包都是老師們仔細裁切、分裝。

如此認真的心意，感動了很多家長，同時為足不出戶的孩子帶來陽光。四季藝術的臉書湧進許多家長的感謝，寫著：「第一天就收到學校高效率寄來的素材箱，打開時滿滿的感動與感謝，豐富且細心切割的素材表露著學校的用心，傳遞著老師對孩子的牽掛，謝謝每位堅守線上直播課程的老師。」「謝謝幫我們準備這麼豐富的素材，連上國小的哥哥都興奮的跟我們一起創作，讓我們有更多的親子時光……」

「這是我們對家長的承諾、對孩子的責任，」唐富美認為，線上教學不只要豐富、快速，教學品質也必須和實體課程一樣嚴謹完美，因此即使常常需要工作到清晨，她依然堅持看過每一支影片，確認創意與品質後才能上架。

一開始，老師們缺少拍片經驗，作品總是被退件。因遠距上課而從美國回到台灣的黃睦傑，花了很多心力協助老師們，「有一次，我負責拍攝、錄音、剪輯，已做完兩個系列，每個系列十多部影片，卻被唐老師打槍，說不夠吸引孩子……」

工作上，黃睦傑眼裡只有「唐老師」，沒有「媽媽」，「唐老師非常嚴格，要求全都打掉重練，我很崩潰！」他懊惱不已，那是熬夜做出來的心血。

但其他老師沒有一句怨言，心甘情願重新來過，尋找可用資源、更換教學主角、檢視道具、場景和穿著，調整燈光、背景和畫面，用最高標準檢視一切細節，黃睦傑逐漸明白這些講究是必要的，因為唯有如此「才不會辜負家長和小孩」。

他說，疫情初期，沒有線上教學的前例，一切都在摸索，團隊不確定什麼是最好的，所以每次提出成品後不斷檢討修正，每天「唐老師」也會在群組公開各校成功與失敗案例的截圖說明，方便分工共備的主管們建置標準，這對團隊而言，是很好的磨練。

身為四季藝術畢業的學生，黃睦傑說小時候上課只覺得很好玩，但現在了解，原來**每一個「好玩」背後，都有團隊的龐大努力與熱情追求**。

數位轉型、迎戰疫情的傲人成果，也為四季藝術贏來榮耀。二〇二一年，台灣《哈佛商業評論》舉辦首屆「數位轉型鼎革獎」，四季藝術打敗兩百多家公司而獲獎。

隔年十一月，四季藝術又以「智慧學校 e 指通─培育數位人才 Easy Go」，從上百家企業中脫穎而出，獲得「二〇二二國家人才發展獎─傑出個案獎」。這是國內人力資源領域官方最高獎項，共有一百二十六個機關、單位參加，選拔過程歷經資格審查、複審及決審三個階段，最後僅選出十五個單位獲獎。

回顧整個過程，唐富美驕傲中有著珍惜。她說，從數位轉型到迎戰疫情危機，都是四季藝術蛻變的好機會，過程或許很艱辛，但長遠來看，收穫絕對無比甘甜。

看見孩子的危機

二〇二二年年初，台灣緩步走出疫情陰影，四季藝術的孩子逐步恢復正常上課，童稚的聲音在校園四處響起，唐富美常常在各分校看著孩子們嬉戲跑跳，小臉在陽光下閃著健康的笑容與汗水。

為了強健孩子們的生理狀態，四季藝術特別規劃體能訓練課程。

但她愈看愈覺得不對勁，和以前相較，孩子們的體能明顯退步，肢體協調性變差，容易跌倒，甚至在教室裡被自己絆倒，還失去自我防衛的反射動作，摔跤時不懂得用手撐住身體保護自己，幾乎都是正面往下撲倒，牙齒、嘴唇和鼻子撞出傷痕。

唐富美帶著老師們仔細研究，判斷可能是長時間在家的防疫生活造成影響。以兩歲的幼幼班小孩來說，一出生就碰到疫情而幾乎無法外出；大一點的孩子在肢體發展關鍵期也被關在家裡，律動時間和空間大幅縮減；尤其在二〇二一年，四季藝術因疫情取消年度公演，孩子失去鍛鍊的最佳機會。種種原因，讓他們的體能亮起紅燈。

這些現象只是冰山一角，實際問題可能更嚴重，唐富美馬上提出解決方案。首先，重新設計體能課程，提高強度。其次，要求老師帶孩子出去戶外活動時，不再只是自由玩耍，還要進行部分體能訓練。最後，四季藝術的體能教練特別設計親子體能課，安排家長到四季藝術上課學習，回家之後要繼續鍛鍊小孩。

重新找回體能

一開始，老師和教練都很煩惱，因為孩子們的體能太差，很多標準都達不到。但唐富美不放棄，要求大家堅持，並運用年度公演籌備期間，讓孩子透過肢體展演、體能訓練的活動，逐漸達到最佳體能狀態。

唐富美說，疫情陰影下，全世界都只關心孩子的安全；但孩子的成長轉眼就會錯過，如果沒有健康的身體，如何談安全？她更認為，**愈是混亂的時候，愈是要清醒看到問題，找出更好的解決方案**。

「雖然不做體能訓練，沒有家長會怪我們，但這件事我們不能假裝沒看見，」面對伙伴，她幾度重申信念，絕不能睜一隻眼閉一隻眼。

因此，在長達三個月的公演籌備期間，除了主題課程方案之外，孩子每天都要做體能練習、肢體展演，有的孩子因為平衡感不足而跌倒，有的跑太累想哭，有時又因疫情暫時停課而中斷練習，但老師們堅持、孩子們也不放棄，師生彼此打氣，互相鼓勵。

五月下旬，年度公演終於上場，連續四天五校的演出裡，跳舞、揮旗、滾球、拉彈力繩、滑板車、直排輪、樂器演奏……，每一個小小身體都展現出力量，找回失落的體能。

每一場公演，唐富美都全程陪伴，六十多個班級、兩千多個孩子的表演，以及台前台後的所有努力，讓她感動到哭濕好幾個口罩。最後評核結果出爐，六十多個節目全部榮獲特優，展現四季藝術的驚人力量。

唐富美緊緊抱著老師們，不斷表示：「你們真的太棒了！」無盡的感謝和感動奔流，更燃起她的信心：再艱困的疫情，都不會打敗四季藝術的伙伴與孩子。

她相信，那是一種共同的DNA，未來一定可以衝破更多難關，讓四季藝術帶著孩子飛得更穩、更好、更高。

每一年度的公演，無論是舞蹈、直排輪、滾球、彈跳、樂器演奏……，四季藝術的孩子們都展現出無比的毅力與飽滿的體能，也奠下挑戰未來的信心。

第 6 部

接住每一顆心

當伙伴遭逢變故，他們主動援助，

有人困頓難行，他們一起突破，

猶如雁群互相支持，

在四季藝術這片天空，

個人得以自在翱翔，團隊也愈飛愈高。

1 接住每一隻受傷的雁

市政校之前的園長林佳儀，是伙伴眼中極認真負責的主管，校內大大小小的事她都瞭若指掌，有任何難題，找「佳佳園長」一定能解決，線上請教什麼事，絕對「秒回」。

二〇二二年初夏起，林佳儀卻常常睡眠不足，帶著黑眼圈上班，不時還會背著大家邊講手機邊哭泣。

暑假剛開始，唐富美找她到辦公室談話，林佳儀還沒坐下就提出辭呈：「媽媽的病情很嚴重，我要搬回老家照顧她，真的很對不起大家，我沒辦法繼續工作。」

兩、三個月以來，林佳儀不時因為工作沒做好感到抱歉。但是，唐富美從來沒有責備過她一句，更不可能同意她辭職。

林佳儀哭著解釋，她必須長時間待在后里老家陪伴媽媽，無法同時工作。

「不會沒辦法，只是要找辦法解決，」唐富美搖搖頭，進一步分析：「親人生病這種事不會只發生在你身上，每個伙伴都可能遇到，我們要借這個機會建立適合的處理模式。」

相信團隊 我們辦得到

面對林佳儀的憂傷，唐富美沒有花太多時間安慰，幾十年披荊斬棘的人生早已教會她，解決問題比處理情緒更重要。她讓林佳儀先休假照顧家裡，也說明自己已經著手調度其他主管來分擔工作。

林佳儀不肯答應，堅持辭職：「園長的責任很重，我如果只請假不離職，反而會耽誤大家。」

但是唐富美以親身經驗提醒她：「照顧生病的家人很重要，但不能把全部生活都投進去，否則很快就會撐不住。維持工作，才能分散照顧者的情緒壓力。為了幫助媽媽，你反而不能離職。」

唐富美也向林佳儀強調，市政校的事務不會因為園長請假而受影響。她提出四季藝術貫徹的「**雁行理論**」，隊伍中如果有一隻雁生病或受傷而可能脫隊時，會有一、兩隻雁飛下來保護牠，直到牠康復重回雁群，隊伍並未因為一隻雁的傷病就亂了陣腳。

然而，林佳儀心中的歉疚極深，更閃過千百個不可能。如果她是一位工作單純的老師，也許會被說服，但身為園長，職務既多且雜，還有一個跨校分工共備的專案，怎麼可能輕易被接住？

「你要相信團隊。我們有很多大雁，一定會接住你，」唐富美說，四季藝術的跨校分工共備，就是為了隨時接住每一個人，如果連最高層、最複雜的園長職務都接得住，「這將是最好的例子，讓伙伴知道不管是大雁或小雁生病受傷，我們全都接得住。」

林佳儀半信半疑，拗不過唐富美的堅持，經過協調，她改為彈性上班，每週多休兩天，工作日也可以視需要在家中使用線上模式，同時有其他園長跨校協助。

「雖然我口頭答應，但心裡想的是，唐老師要這樣就這樣吧，過幾天出了問題，她就知道不行，一定會放我走，」林佳儀事後坦言，那天走出學校時，她的心仍在谷底，根本不相信「接得住」。

後來，她因為搬家和許多瑣事，完全沒空看手機訊息，三天後重新連線、滑開手機螢幕，驚訝的發現：「哇，所有訊息都有人馬上回覆，一切都在軌道上穩穩走著……」溫暖與驚訝在心中交織，林佳儀非常感動，原來「我真的可以被接住！」她放下心中大石，按照唐富美的安排，繼續踏實工作。

之後，林佳儀媽媽的病情逐漸好轉，但仍然需要照顧，因此她再度提出異動的需求。四季藝術各校區與總管理處的職務多元，考量到她必須同時工作與照護母親，無法再兼顧園長職務，唐富美請她接任跨校巡輔組組長。

二十多年來，四季藝術團隊的每個人，全被唐富美（後排中間穿白長袖上衣、短髮者）視為伙伴，彼此關係緊密。

林佳儀非常感謝唐富美的費心，以及持續的鼓勵和陪伴。經歷這段過程，林佳儀看見跨校分工共備的力量，讓市政校不至於因為園長的轉換而產生太大波動及影響。同時，也為她帶來另一個收穫——認識自己，「我學會了相信、放心，這就是我的成長！」

伙伴們一起展現女力

在四季藝術有一種特別的說法——這裡沒有「同仁」、「員工」，每一個人都是「伙伴」。二十八年來，每位老師、主管和行政、庶務團隊，全被唐富美視為伙伴，有著親密溫暖的連結。

她很久以前便許下承諾，要讓四季藝術成為伙伴安身立命、實現夢想的地方。尤其當年為了二兒子，唐富美曾走過夾在工作與家庭間的崎嶇幽谷，將心比心，她由衷願意隨時接住每位伙伴的困境。

「我們九二．八%的伙伴是女性，大家是女兒、妻子、媽媽、媳婦，在家裡承擔的責任往往比較重，」唐富美從自己和伙伴身上體會到女性的難為，很希望四季藝術成為典範，讓世人看見，**職涯成功的女性，在實現自我的同時絕對可以兼顧家庭**。

唐富美從薪資結構開始著手。她看見台灣女性薪資普遍低於男性，因此很早便提供業界最好的薪資與福利。

「好的薪資福利條件，能幫伙伴建立家庭地位，」她解釋，當伙伴成為基層主管，因為薪資高，就有機會成為家中的重要經濟支柱，在家務角色的分工上，較不會被賦予過高的期待和過重的責任，進而能達到工作與家庭的平衡。

四季藝術的工作環境和福利，都是因應伙伴的需求而產生。

從創校初期起，這裡就是友善育兒的職場，伙伴們的孩子就讀四季藝術幼兒園和國小課後ESL，可享月費四九折。

後來，唐富美發現，有些單親伙伴的小孩不再續讀四季藝術，因為學費負擔沉重；也有生第三胎的伙伴感到經濟壓力變大，放棄讓老三跟著哥哥姊姊讀四季藝術。

她了解狀況後馬上宣布：凡是單親伙伴的子女，註冊費全免、月費四九折；至於第三名子女一律免費就讀，以鼓勵大家生育。這幾年，四季藝術伙伴生下第三胎的人數快速增加，大家總會笑說：「只要肯生第三胎，從兩歲開始，四季幫你養十年。」

「這樣做的另一個好處，是能留住好人才。**當伙伴狀態穩定，組織就會有效率，四季藝術能建立安全溫暖的人力網，孩子即可擁有成熟穩定的教育環境，**」唐富美想得長遠。

不過，她不認為這樣已經足夠。每年九月，四季藝術依據年度評核成績為伙伴調薪，而且年年提撥高達四〇%的盈餘做為分紅，即使創校初期經歷長達六、七年的虧損，也不曾短少。

COVID-19期間，許多企業被迫減薪、裁員或放無薪假，衝擊很多家庭。四季藝術不但準時發薪，還堅持加薪與發放紅利。這樣的舉動，讓伙伴在ＡＴＭ前又驚訝又感動，有伙伴憂心唐富美負擔太重，主動來勸她：「你不要這樣發紅利。」

四〇％，遠遠超過台灣絕大多數企業的分紅比例，而且四季藝術是獨資企業，這種做法等於是創辦人把自己的近半收入分享給員工。但唐富美認為這麼做理所當然：「伙伴們這麼努力，四季藝術的成果都來自於他們，當然值得享有這份回饋。」

濃厚的關懷

唐富美的無私慷慨，在每年分紅時，常給伙伴們帶來驚喜。即使林佳儀這樣「自認拖累大家」的伙伴，她也沒少給、不給。

林佳儀說，自知二〇二二年的工作表現並不理想，全靠伙伴接住了她。紅利發放前不久，她特別傳LINE告訴唐富美：「今年我影響團隊很多，給大家很大的負擔，請唐姊不要為我做太多。」

唐富美已讀不回。林佳儀認為這件事已經被同意，早有心理準備，要坦然接受「不太好看的成績單」。

然而，九月初，她收到紅利通知，打開的一剎那，眼淚潰堤，那是一筆遠遠超過預期的數字……

「唐姊永遠在鼓勵我，」那陣子，林佳儀只要一想到紅利通知上的金額就會哭成淚人，深知唐富美了解她的家庭狀況和經濟負擔，因此這份紅利有著濃濃的關懷，那不但是情，更是義。

她拭去眼淚，期許自己要在雁行的隊伍裡，重新昂然振翅，不要辜負四季藝術團隊的情義。

2 天涯海角 成為彼此的力量

「接住」的關鍵有二：第一是高度同理心的企業文化；第二則是來自制度，除了跨校分工共備之外，還有成熟多元的人事管理制度。

同理心，在四季伙伴身上隨時可見。

處理林佳儀的問題時，唐富美帶著跨校團隊討論，快速決定——在她每星期多休兩天假時，由市政校資深主任接手園長工作，原本要從市政校外調的巡輔主管則暫緩調動，留下來分擔主任工作，同時，四季藝術的跨校總園長吳家秀也增加輔導市政校的時間。

「我們一個接住一個，互相幫忙，互相體諒，沒有人覺得自己多做了什麼，」吳家秀說，自己也曾經為了照顧幼兒而必須提早下班，伙伴們毫無怨言分擔她的工作，所以她知道「接住」不是只有救自己，「今天我接住別人，明天別人會同樣接住我，在四季，這做法天經地義。」

這時候，人事管理制度的配合更是關鍵。

十年前，四季藝術設立人才發展部。唐富美記得，那一年有二十多位老師懷孕、生產，安胎假、產假和育嬰假的需求很大，對團隊形成巨大挑戰，「我們意識到，學校的制度與系統必須跟著改變。」

新成立的人才發展部帶來新觀念與做法，一面為主管提供領導管理的協助，一面設計多元工作和彈性工時等制度，讓老師在照顧家庭或進修攻讀時可以彈性調班、遠距工作，同時四季藝術也增加兼職工作和部分工時的職務，讓組織得以快速且靈活的調整，接住每個老師的不同狀況。

在這裡　不需要選擇

「佳佳的事就是最好的範例，我們讓全體伙伴了解，因為四季的企業文化與制度，成就出接住的力量，」夏末午後，黎明校庭園裡的綠意篩去暑熱，微微的陽光照進屋內，窗邊的唐富美聊起林佳儀，眉梢的溫柔有如鄰家姊姊。

四季藝術的多數老師稱唐富美為「唐姊」，她不只在工作上帶領大家，更關心每個人遭逢的困頓，即使是來自天涯海角的外籍教師，也一樣獲得這份濃郁的關懷。

四季藝術各分校設有ESL部，提供英語教學，數十位外籍教師和本國籍老師一樣，所有教學內容要融入瑞吉歐的教育模式與創客精神。雖然這是很大的考驗，但是多數外籍教師非常享受四季藝術的挑戰，願意一起學習與成長，更重要的是，這裡有如他們的另一個家。

來自美國的偉德（Wade Davis）是外籍教師主管，在四季藝術有十年以上資歷，他很喜歡這裡的教育理念和工作氛圍。當林佳儀家中發生問題，唐富美在主管會議上宣布處理方案並強調團隊要全力接住她時，偉德也在場，年過半百的大男人聽著聽著，紅了眼眶。「我沒有辦法想像，如果類似的事發生在我身上，工作和家庭該怎麼選擇，」他分享自己的感動，「現在我知道，在這裡，從來不需要選擇。」

偉德非常喜愛台灣，這裡不只有良好的生活環境，更讓熱愛音樂的他可以盡情追求夢想——一九九五年，他和朋友於墾丁創辦「春天吶喊」音樂祭，結合各種風格的樂團與音樂人，一起追夢同歡。定居台灣二十多年來，偉德對音樂的投入不曾間斷，四季藝術的教職更成為他安身立命的最佳後盾。

多數外籍教師和偉德一樣，因為四季藝術，生命展現新的篇章，更在面臨最艱辛的關卡時，被牢牢接住。

來自加拿大的Kristen Fahey，進入四季藝術七年。她的家鄉幾乎沒有人知道台灣，她父親一度也不了解為何女兒要留在異國。後來，父親跟著她玩遍台灣又了解她的工作後，開

四季藝術具有高度同理心的企業文化，以及成熟多元的人事管理制度，讓遠渡重洋到這裡教書的外籍教師，事業有所發展，身心得到安頓。

心的說「我懂了」，從此完全支持女兒的決定。

不過，在COVID-19疫情肆虐、外籍教師回不了家鄉之際，Kristen不慎因摔倒而骨折，傷勢嚴重，必須進行較複雜的自費手術。孤身在台的她付不出高昂費用，無奈之下打算放棄手術，忍受後遺症。

消息很快傳回學校，唐富美毫不考慮，立刻通知人事部門：「她的手術不能不做。費用由我們出，一定要幫她康復。」

「Kristen千里迢迢來到台灣，沒有親人，我們就是她的家人，她有困難，我們當然要接住她，」唐富美強調。

病床上的Kristen得知之後感動大哭，擦乾眼淚表示：「我願意再跟四季簽二十年的工作合約！」

只有家人 沒有異鄉人

每一年，四季藝術為外籍教師舉辦教育訓練，唐富美都會到場為他們打氣。面對這群異鄉人，她總要大家先感謝自己：「是你把自己帶來這個有緣的小島、神奇的地方，從此就讓四季藝術成為改變你生命的起點，陪你展開全新的人生。」

唐富美認為，外籍教師來自世界各地，不像本國籍老師擁有強大的家庭與經濟後盾，心態難免有些不安定感，因此四季藝術更要負起責任，讓他們安心、安身。她說，金錢或人力成本從來不是考慮重點，「將心比心，看著他們孤立無援，我們怎麼能袖手旁觀？」

四季藝術西屯校美籍老師Anne Marie，與德國籍丈夫定居台灣。不久前，丈夫因癌症過世，孤伶伶的她在台舉目無親，還必須安排把先生遺體送回德國。無奈手續繁瑣、費用也高得嚇人，一籌莫展之際，唐富美二話不說，立刻撥出一筆錢，同時出動人員協助處理後事，最後順利把她先生送回德國老家。

來自南非的老師Ronald，定居台灣二十多年。幾年前，他因意外受傷，在地區醫院接受兩次手術，卻都失敗。唐富美知道後，馬上幫他轉院到台中榮總。Ronald一開始不肯，主要是榮總離家太遠，他太太因為孩子沒辦法到院照顧，而且全家只靠他一份薪水，實在沒有餘力另請看護。

唐富美一秒鐘都沒有多想，立刻致電：「你就去榮總開刀，看護費不必擔心，全部我們負擔。」

有些外籍教師曾經在不同教學機構來來去去，總是待不久，但是來到四季藝術後，卻一待就是五年、十年。

這是因為——**四季藝術的文化和制度，不但為外籍教師帶來工作上的成長，更讓一顆顆流浪的心，擁有自信、溫暖與安全感。**

3 有愛的老師才懂愛孩子

「因為唐姊，我變成更好的人，」黎明校園長哈曉如輕聲說著。她是伙伴眼中溫暖好溝通的哈哈園長，但多年前，一度是個渾身帶刺的主管。

哈曉如十年前進入四季藝術，工作表現不錯，兩年即升為主任。但她個性非常直接，態度強勢，凡事力求完美，與她合作的老師常覺得很辛苦。

「我認為自己很努力，只要告訴我哪裡不對，我願意調整，」她說，「但是修正的歷程很困難，後來慢慢察覺到原來自己一直是個帶刺的人，那是本性，改不掉。」

有一次，在進行評核回饋面談時，被輔導的老師不能接受她的說法，更不甘自尊心被傷害，氣得直接大吼。

「當時我的腦袋一片空白，不知道該怎麼處理，」回憶起那段日子，哈曉如非常挫折，嚴重自我懷疑，有時甚至覺得自己根本不適合這個職務。

那時哈曉如常向上求助，甚至糾結著想要離職。唐富美看出她陷在困境裡，約面談時突然問：「你以前的家庭是什麼樣子？因為原生家庭會影響你的性格。」

哈曉如很意外。因為那是最不願提起的傷，她也不相信現在的自己和過去經驗有關。

面對和理解自己

在唐富美的鼓勵下，她慢慢訴說童年。從有記憶起，父親就常對家人拳打腳踢，為了保護媽媽和弟弟、妹妹，她從小強悍，並且總是激勵自己凡事要做到最好、要變得更強大，考上好學校、擁有好工作，才能挺過大風大浪。

唐富美聽完後，很心疼：「你不可以這樣想，要轉念。」

哈曉如不懂她的用意，心裡有點不舒服，認為原生家庭是私人領域，為什麼要跟工作扯在一起？唐富美分析：「你必須先解決內心的某些狀態。當你安撫、解決了內在問題，一切都會不一樣。」

她隨即安排哈曉如去上圓桌教育基金會的課程。多年前的圓桌課程，曾經全面翻轉她與丈夫、兒子的人生，修補了家庭的裂縫，因此希望這份力量也能發生在伙伴身上。

在哈曉如之前，已經有多位主管被安排參與圓桌課程。但她非常抗拒，不斷用各種藉口推拖，因為早已習慣武裝自己，更不想對陌生人坦承童年家暴的陰影。

拖到無法再拒絕，哈曉如只能硬著頭皮走進課堂，心想就敷衍一下。但不知為何，經過兩天課程之後，她隱隱覺得心裡有些鬆動，察覺到自己長年以來包裹緊密、絕不流瀉溫情的性格，其實是因為恐懼，她擔心自己一旦出現溫情就會變得軟弱，無法捍衛家人。

圓桌課程第三天，進入與生命傷痕和解的階段，哈曉如徹底潰堤。她已經多年沒和父親聯絡，尤其在成為母親後，絕不讓孩子和外公接觸。課堂上，她不停流淚，看見從小自卑的一面，羞慚自己的家庭不如別人，也終於領悟到自己必須學著面對、理解每一段關係，才能蛻變為更好的人。

到了最後一堂課，哈曉如流著淚上台分享：「其實我一直缺乏自信，所以需要武裝，對任何事情都很強硬。但現在，我已經決定要跨越跟爸爸聯繫的這個關卡……」

出乎她預期，唐富美悄悄出現在台下，淚眼模糊的同時，還帶著微笑鼓掌，鼓勵她跨過去。

為別人帶來一道光

課程結束的那一夜，哈曉如不停回想，恍然明白：「天啊！原來唐姊送我上課，不是為了提升我的工作表現，真正的用意是要幫助我的人生變好，這樣我的家庭、工作才會跟著變好，四季藝術的伙伴和孩子們也會跟著好。」

二十多年的心理盔甲驟然卸落，哈曉如回到學校後明顯轉變，語氣溫柔，會看見別人的困境，也懂得尋找解決方法，幫助伙伴擁有穩定的工作狀態。

她剖析：「我不敢說自己變得多好，因為我還在這個歷程中，但已經可以輔導別人。」**當自己成為太陽，才會帶給別人光**。現在老師們不會再用「硬」、「全身都是刺」來形容哈曉如，反而在工作週誌上寫著「很謝謝有你的存在」，一致認為她是個溫暖又有條理的主管，這讓她特別感動。

「每個人內心可能都有一些結，但在這裡，結都是可以被打開的，」吳家秀當時是哈曉如任職西屯校時的園長，全程參與她的成長歷程，「她真的有跨出去！已經跟爸爸和解，建立穩定的關係，」吳家秀笑說。

哈曉如自己也笑起來：「有啦，我家小孩已經知道有外公這號人物。」

不只是陪伴在哈曉如身旁，吳家秀也見證唐富美的做法。她認為，那不光是溫暖付出而已，更有管理的智慧：「唐姊先同理哈哈為什麼那麼強硬，然後對哈哈展開調整，這並非一夕之間能夠完成，而是逐步讓這顆種子發芽，由內而外慢慢展開。」

如今哈曉如成為園長，面對管理，已經能夠自然而然從「愛人」出發，先去理解伙伴的情緒，找出背後的原因，協助他們解決問題，就如同以前唐富美帶領她一樣，愛與被愛的種子會一路相傳。

主動給予溫暖與愛

暑假走入尾聲，四季藝術各分校早已忙碌起來，老師們密集開會討論新學期的主題課程、規劃學習區、備置教材，一間間教室裡彷彿已揚起童言笑語。

走廊上，唐富美拎著一袋東西走來。這幾天，她忙著到四季藝術的各校「送禮」，親自為每位老師送上一個精巧的小袋子，裡頭是特別準備的開學禮物：眼罩、喉糖、小巧筆記本、隨身鏡、小方巾……

這些實用的禮物看似微小平凡，卻蘊藏著無限深意。例如眼罩，希望用香氣和熱度舒緩老師的壓力，準備好明天的力氣；又如筆記本，幫助老師蒐集靈感的種子，並且以熱血澆灌，讓偉大夢想萌芽；一塊小方巾，提醒老師再累也別忘了幫自己擦汗，再忙也別忘了整理自己。

這是唐富美對伙伴的愛，更是祝福、承諾與期許。她說，新學年開啟新的緣分，也有著讓人緊張的新挑戰，老師照顧孩子的同時，也需要被照顧，更需要鼓勵與支持，她送上迎接新學年的禮物，是想要為老師們打打氣，並讓他們知道團隊是最堅實的後盾。

打開禮物袋，每個老師笑彎了嘴角，臉上閃過堅定，更忍不住送給唐富美大大的擁抱，那也是相同的承諾：相互支持，一起為孩子帶來正面的能量。

唐富美（上圖前排左四、下圖左）致力在四季藝術打造溫暖有愛的工作環境，因而時常主動給予老師們鼓勵和支持。

4 用愛說實話

「老實說，我並沒有大家想的那麼好。在管理方面，我也犯過很多錯，」唐富美低頭思考，吐出一句：「最大的問題，是溺愛……」

再一次回溯曾經走過的困境，她坦言，**過往並不完全美好，但創傷帶來真正的強大**。

包容或縱容

那是在創校後的前幾年，唐富美和團隊闖過一關又一關，很感激他們的付出，也感動於他們的熱情。她很在乎大家的感受，希望每個人都開心。

這樣的行為，其實來自於她的自我投射。

小時候的唐富美常處於被忽視的情境，因而習慣看臉色，害怕有人難過、害怕發生衝突。她長嘆一聲：「面對團隊，我其實非常軟弱，沒辦法說重話、強硬處分，甚至面對伙伴們的問題，只會不斷花時間安撫。」

曾經有人時常鬧彆扭並多次揚言要辭職，也有人抗拒改變，唐富美卻無法置之不理，始終溫言安撫。

當時也有主管、資深同事提醒唐富美不能再這樣下去，勸她用強勢的語氣說清楚自己的想法。但她依然樂觀的認為，不需要嚴厲的管理，大家也會做好事情，甚至自我安慰：「包容與體貼，不正是大家認同的四季精神，才能留得住人嗎？」

事實不完全如此。部分老師的問題持續惡化，唐富美還是無法下決心糾正，更不敢處置他們，還會為對方感到心疼：「他為四季藝術付出這麼多，全心投入在教學工作，我豈能再責怪他……」

有時候，她自認已經狠下心要求對方改善，但說法迂迴委婉，根本沒人理解。

唐富美還有一個天真的想法——至少八〇%的伙伴可以體會她的用心、工作表現沒有問題，代表她的管理方式正確。至於其他二〇%的人不能體會，她認為：「一定是我還不夠好，做得不足，上天要繼續磨練我。」

管理問題一天拖過一天，直到一個忙碌的下午，一位主管衝進唐富美的辦公室，劈頭數落伙伴的能力太差、學校的做法不對，話鋒一轉，突然伸手指向唐富美，拉高聲調：

為了凝聚團隊，四季藝術鼓勵大家「用愛心說實話」。

「唐姊，就是你的問題……我告訴你，四季藝術請到我，是你的運氣！」

碎裂的信心

唐富美一驚，她從來沒想過竟有伙伴如此氣燄高張。

但她依然忍耐，勉強擠出笑容說「我知道，你真的很棒，謝謝」，心裡卻彷彿響起玻璃碎裂聲——她的自信、尊嚴、始終堅守的溫情相待，全摔成碎片。

「唐姊，你怎麼可以容忍這個伙伴這樣對待創辦人？」事後，幾位了解唐富美的主管氣得問她。

唐富美眼睛一熱，在心裡自問：「還要再這樣下去？」

她看見自己的軟弱與退讓，養成了別人的驕縱。更糟的是，隨著問題愈來愈惡化，開始拖累其他人。

曾經有一位教學能力極強的主管負責輔導新老師，但他的做法過於嚴格，說話犀利，造成新人離職。一位老師臨走前傷心的說：「我剛來的時候，你們說四季藝術是很溫暖的地方，但事實完全相反，我的主管根本不是這樣對待我……」

唐富美非常自責。其實早已有人申訴，她卻只是不斷勸導和安撫，最後非但解決不了問題，還被抱怨不夠公平公正。

放下情緒 解決問題

「我的心軟，只會害了伙伴，」唐富美深切體悟，如果因為害怕衝突而不肯改變，繼續「溺愛」有問題的伙伴，團隊的裂痕勢必愈來愈大、愈深。

她反覆省思後發現：雖然自己待人一向溫暖包容，但因為軟弱，反而讓溫暖變成寵溺，包容成為忍讓，息事寧人反而讓問題同事錯過成長和改變的機會。

「其實每個出狀況的伙伴，背後都有原因，可能是信心或能力不足，或性格不適合某項職務。如果我早一點面對，說不定反而能引導他們跟上來，」唐富美反省。

四季藝術是高度感性的團隊，無數的淚水、歡笑、悲傷，伴隨著大家不斷前進，但是，過多的情緒有時會成為障礙，尤其在企業管理的場域，需要充分的理性與決斷，團隊才知道方向。

回想多年來關於「人」的問題，用盡心力在傾聽和安撫，但有些過程反而變成互相折磨，唐富美下定決心，從此**面對人事一定要先處理問題，而不是處理情緒，當問題被解決，情緒自然煙消雲散**。

唐富美開始強迫自己調整。當團隊中有人出現狀況，她先收起心疼與不捨，也不再私下當和事佬，而是在主管群組公開貼文，說明她將採取哪些協調行動，也讓大家掌握彼此的問題。

她也會提醒大家，四季藝術雖然提供安身立命的地方，但不是天堂，能留下來的，都是願意一起努力、跟上團隊腳步的伙伴。

唐富美經歷很長時間的練習，才改變做法。但她的努力，一點一滴為四季藝術帶來全新的氛圍，更理性、更就事論事。

曾經在某次園長會議後，一位老師興奮的告訴唐富美：「現在的園長會議超棒，大家會坦誠說出想法，快速解決問題，不會再像以前許多問題常常不了了之。」

唐富美更痛定思痛，著手推動「**用愛心說實話**」的組織行為。面對能力不錯但工作出現問題的老師，主管不應閃躲，而是要從愛出發，坦白的說實話，引導他進步。

顛仆轉型之旅

四季藝術行政團隊裡，年輕的趙姿雅是大家公認的好幫手。她在總管理處負責社群媒體經營及品牌策略，隨時與外界保持溝通，對內則協助伙伴搜尋與媒合資訊。唐富美每次提起她，總是豎起大拇指說：「非常厲害！」

這句話，不光是指她的工作表現，更是對她走過一段顛仆轉型之旅的肯定。

趙姿雅大學主修幼教，人生夢想就是當老師。畢業後，她順利進入四季藝術擔任幼教老師，因為表現不錯很快升任幹部；沒多久，主管給了她更大的挑戰，要她擔任北屯校美語部的主管，肩負起與外籍教師和本國籍教師之間溝通的重任。

趙姿雅自認英語能力不夠好，一開始沒有信心，但在主管鼓勵下，她一面努力學英文，一面參加各種管理課程。

「但無論怎麼努力，我還是每天在挫敗中度過，」趙姿雅微皺眉頭。她和外籍教師溝通很不順暢，不完全是語言問題，而是卡在人與人的磨合。

當時北屯校國小課後ESL有十三位外籍教師，由她和一位本國籍主管合作管理，但外籍教師每個人有各自的背景和個性，趙姿雅無法理解他們的不同需求和想法。她常常想不透問題出在哪裡，「我們能做到的事，為什麼你不可以？」

這群來自不同國家的老師也對趙姿雅很不服氣，不太能接受她在工作上的要求。

好強的趙姿雅不肯放棄，花加倍的時間練習英文，用加倍的力氣和外籍教師溝通，但仍然時常發生摩擦。無力感不停襲來，她深深感覺自己「帶不動」、「沒有辦法」，即使她不斷安慰自己再想辦法，但下一次，換來的依然是他們一聲聲的「NO」。

那時候最受挫的，是對外籍教師教學方式的訓練和品質的掌控，以及他們與本國籍教師的合作。有一次，雙方又發生爭執，而且因為語言落差產生誤解，互不讓步，趙姿雅居間溝通始終不順利，看著團隊出現嚴重裂痕，卻無能為力。

外籍教師團隊愈來愈不穩定，甚至逐漸形成小圈圈，趙姿雅徹底領悟到自己根本不適合帶領他們：「我已經束手無策，每天起床準備上班時，一想到要面對這些人事，就覺得人生一片黑暗……」

愛能撫平傷痕　迎接新挑戰

千瘡百孔的趙姿雅找主管討論，主管不勉強她再努力下去，請她考慮是否轉調行政職。但趙姿雅非常茫然，她從沒做過教學以外的工作，「我不知道轉行政職可以做什麼？」

兩、三天後，趙姿雅被唐富美約去面談。一走進辦公室，唐富美便打開資料對她說：「總管理處正打算開展新的工作內容，包括社群、媒體經營、影音製作，你來聽聽看。」

趙姿雅聆聽後產生興趣，但坦白：「我完全陌生，對這些很外行。」

唐富美立刻笑說：「我怕你就快要陣亡了，想為你做一點轉換，要不要試試？」

趙姿雅一口答應，心裡有滿滿的驚喜。

「原來這就是用愛心說實話，唐姊花了很大心力處理我的不適任，而且採用非常溫柔體貼的方式溝通，不讓我覺得自己是因為表現不佳而被調職，」趙姿雅說，這份體貼徹底撫平她的傷痕，更給她勇氣迎接新挑戰。

揮別挫敗感，轉調總管理處的趙姿雅對新工作快速上手，她發現自己很喜歡行政工作，尤其是處理各種專案、時間規劃和知識庫管理。她也時常跟伙伴分享自己的經驗：一個人或許不擅長某項職能，但那並不代表他不能在其他的地方發揮，「四季藝術不會因為伙伴不善於某個領域就否定他，唐姊會不斷為他們創造機會，讓每個人都能夠找到不一樣的價值。」

全新的人生信念，帶領著趙姿雅蛻變。現在的她，已經是為團隊搜尋與媒合資訊的最佳幫手，每當伙伴有需求，她可以快速連結到適合的單位並找到資源，進而產出他們需要的內容。

她笑說，自己的新工作有如八爪章魚，總是快速連接到四面八方的出口和入口，尤其面對四季藝術持續成長的未來，她認為：「章魚要在大海裡，把腳伸得更長，抓得更廣。」

「用愛心說實話」，如今已成為四季藝術的重要精神，**每一個曾經挫敗的伙伴都不會被擊沉，反而脫胎換骨，在職涯中找到全新的自己，更為團隊創造美好的價值**。

5 傾聽理解　接住迷惘的心

除了接住伙伴在現實中遭遇的艱難，唐富美也接住一顆顆迷惘的心。

「我每年都想要放棄，每年都想要離開……」藝術老師鄭珮芬有點自嘲的提起這些年的心情。

年輕時，她到西班牙進修藝術多年。回台後，為了陪伴孩子成長，進入四季藝術當老師。她很喜歡這裡的教育環境，認為這裡能夠讓兒子和自己獲得莫大的滋養。

但鄭珮芬沒想到四季藝術的備課過程如此辛苦，原來不只是陪小孩玩玩而已，「尤其每年的公演和寫教案，就是我最最想走的時候；但結束之後，念頭就沒了。」

她骨子裡的藝術家靈魂三不五時會發作：覺得工作很煩、會議太多、教學不順……，她跟身邊的人碎碎唸不停，不知道自己為什麼要留在四季藝術。

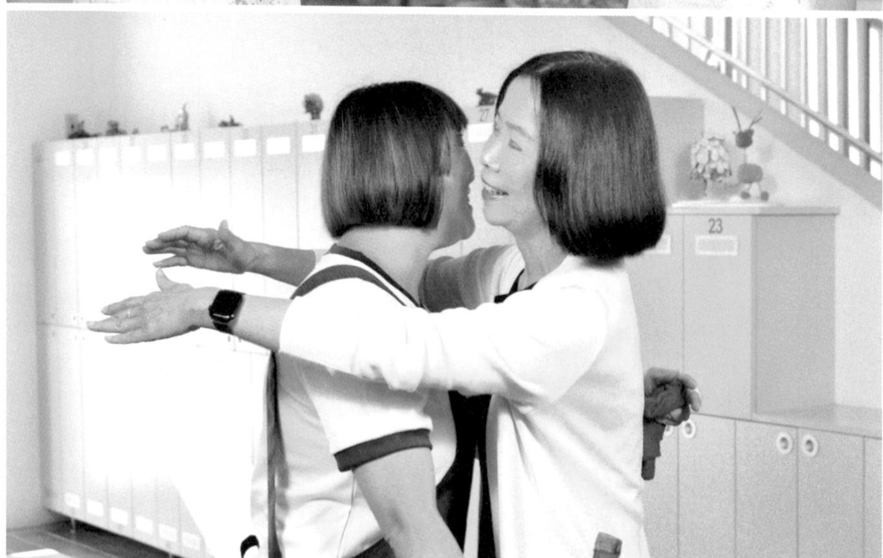

唐富美（上圖右、下圖右）認為，四季藝術的成就來自於團隊的付出，因此，她有責任傾聽和理解伙伴們的心聲。

資深老師了解她的個性，總是笑笑安撫，但也擔心她一衝動便說走就走。還有老師跟她說：「可惜你沒跟唐姊面談過，她談話的時候很像在算命，會點出你的缺點、優勢、該學習的地方，讓你看清楚自己……」

面談像算命　直指本心

鄭珮芬不曾踏進唐富美的辦公室，她很遺憾自己沒有被面談過，更好奇「唐半仙」可以告訴她什麼。

直到一年多前，鄭珮芬心裡的火藥庫再一次爆炸。她衝到園長辦公室，大聲宣布：「我受不了，這次真的要走！」

園長沒給她答覆，卻在兩天後轉告：「唐姊約談你。」

一見面，唐富美便問她：「你要去哪裡？找好下一份工作了嗎？」

鄭珮芬搖頭說沒有，只是想離開。

接下來，唐富美沒有慰留，卻開始引導她思考：四季藝術跟其他地方的工作哪裡不一樣？離開後真的會比較輕鬆？在這裡可以學到的東西，其他地方學得到嗎？這些好伙伴，外面遇得到嗎？你這麼有理念，可以適應外面的環境嗎？

唐富美拋出一連串問題，唯獨沒有給她答案，同時提醒她：**生氣無法解決問題，想清**

楚自己要什麼，然後心平氣和找出合作溝通的方法，才能長久。

鄭珮芬的心逐漸平靜，了解自己常常就是一股氣衝過頭就想離職，可能是對某個主管或老師生氣、可能是教案太難，「但是跟唐姊談話的過程中，我開始思考：為什麼自己每年都要這樣生氣？為什麼每年都想離職？我明明很愛這個地方……」

走出辦公室，鄭珮芬想起她到學校面試的那天，一走進藝術教室就「哇」的尖叫，因為她彷彿看到專業的美術社，所有藝術相關科系學生夢想的美術用品應有盡有，「我不就是因為這邊提供完整素材、讓我自由創作和陪小孩玩，才來的嗎？」她忍不住笑了出來，緊繃的肩頭也放鬆許多。

鄭珮芬的心，重新變得澄明如鏡。後來，她忍不住告訴伙伴：「原來唐半仙的火力這麼強大！」

用心接住彼此

曾經讓父母費心教養的黃睦恩，目前在四季藝術工作，跟唐富美共事一段時間後，他觀察到，「唐老師」帶領團隊的方法，和許多企業執行長不一樣，除了依靠制度，更多的是用「心」。

他分析，四季藝術的教學工作比一般幼兒園複雜沉重，難免會出現人的問題，尤其當某些同事意志動搖、萌生離職念頭，資深主管不一定能解決。不過，唐富美並不想放棄，通常在她親自出馬談話過後，總能打開對方的心結。

「這裡運用了傾聽和理解——唐老師會先掌握每個人的概況，再從他們的角度去觀察，」大學時期輔修心理學的黃睦恩相當佩服，「這是我最想學習的部分。」

唐富美則認為，四季藝術任何一點點成就，都來自於團隊的付出，他們永遠是支持她的重要力量。因此，她自然有責任傾聽與理解他們的心聲。

她的手機裡，珍藏著許多伙伴分享的訊息，一字一句都是深情的交流。其中，北屯校廚房阿姨淑英傳來的訊息，好幾次深深撫慰她的心。

相互支持的伙伴們

四季藝術每年提供免費入學的名額給低收入家庭，淑英阿姨經濟狀況不好，二〇一二年，她的女兒進入北屯校免費就讀。四季藝術的註冊組曾經關心她的收入狀況，半年後更安排她到校內工作。

那時的淑英阿姨，在北屯校擔任清潔人員。每當四季藝術有新老師上任，她一早打掃時，會在洗手台旁放一小瓶花，為新老師打氣。這個小動作被唐富美看在眼裡，某一天，特別在台上向全體伙伴分享這個故事，並且稱讚：「淑英阿姨的用心讓人感動，我們一定要謝謝她。」

淑英阿姨非常驚訝，自己只是一個基層員工，竟然可以獲得創辦人的公開讚美？她在過去的職場中，從未得到過這樣的溫暖與善意：「唐老師的話，給了我很大的力量，讓我發現自己不一樣。」

不只如此，唐富美的許多心意都讓淑英阿姨感動。

每年母親節、情人節，她會為全體同事精心準備禮物；甚至在某一年，還親手寫了四百多張卡片，送給每個人。淑英阿姨收到卡片時，不敢置信。

淑英阿姨反覆看著信封上自己的名字，以及唐富美給她的鼓勵和關心，還是忍不住追問：「這真的是唐老師的筆跡？她專門寫給我的？」這張獨一無二的卡片，成為淑英阿姨的珍貴收藏，也讓她願意把更多心力回報給四季藝術這個大家庭。

近年來COVID-19疫情肆虐，看著同事們拚搏，淑英阿姨偶爾會傳LINE訊息給唐富美，感謝她帶領大家突破難關，更不忘提醒她好好照顧身體。

每次收到淑英阿姨的訊息，唐富美也一樣開心，好幾次都紅了眼眶。伙伴們的回饋與熱情，何嘗不也穩穩接住了她？給予溫暖與勇氣，讓她在二十八年迢迢長路上持續前行。

正如她回覆給淑英阿姨的訊息：「我知道時局艱難，但是有四季藝術的熱情伙伴，讓我相信，就算未來遇到任何困難，我們都可以度過。」

因為愛，從創辦人到廚房阿姨，四百多位相互接住的伙伴，成就四季藝術。

四百多位伙伴以溫暖與善意互相接住，他們深信，這樣的組織文化將幫助四季藝術度過每一個難關，迎向未來。

結語

立志成為綠色永續創新教育的典範

二〇二三年，四季藝術新的仁美校創立，對唐富美來說，這不只是四季藝術多了一所學校，而是新一代的空間與教育革命。

來到校園，首先映入眼簾的是建築間的一大片綠地：土丘、池塘、溪流、大樹、花叢、步道……，一陣輕風掠過，掀起土壤芳香，枝葉窸窸窣窣，蝴蝶的翩翩雙翼上，陽光輕顫。

在這裡，校園景觀設計結合了生態棲地營造，不同角落都有環境教育的學習場域——四季大地、四季森林、四季溪流、生態藝廊、生態跳島，路徑串聯大樹、溪流、野花灌叢、土丘、綠地，不僅讓孩子在自然環境中探索並快樂成長，更將啟發他們的感知、好奇心與創造力。

除此之外，一千兩百坪的土地上，從建築材料、空間規劃到結構工法都採用綠建築設計，還設有太陽能發電系統、雨水回收系統。

「**讓自然回歸都市，讓學習回到自然，**」這是唐富美再一次的夢想與實踐，也是四季藝術團隊對世界的承諾。

為下一代培養綠色DNA

其實，在實踐綠色永續教育的路上，四季藝術早已有成千上萬的孩子與自然生態互動，在小生物課程中學會照顧和珍愛小生命，在陽光、綠意與流水間關懷環境，珍惜地球。二〇二二年，四季藝術更通過「B型企業」國際認證，向「成為對世界最好的學校」目標，邁進一大步。

B型企業是美國B型實驗室（B Lab）發起的國際認證，目的在於運用企業力量，解決社會和環境問題，申請認證的企業必須通過公司治理、員工照顧、環境友善、社區照顧和客戶影響力等五大面向的實際評估，才能被稱為B型企業。

「**永續是對地球的良善，對每份生命的承諾，**」唐富美表示，四季藝術將持續提供自然永續的教育環境，更希望擴大影響力，為下一代孩子培養永續DNA。

這些對下一代未來的所有用心，都凝聚在四季藝術的品牌標誌裡。

乍看之下，它像個律動中的孩子，細看則是色彩繽紛的大篆體「季」字。圓圓的上半部，是孩子的小腦袋，外圍是黃色的太陽，中間的深藍圓心代表腦中深海般的潛能，即將在老師的帶領下發光發熱；左側是綠色樹葉，象徵自然，右側是紅色稻禾，代表豐收。下半部的「子」字，則是手持弓箭的姿勢，胸臆間滿是蓄勢待發的能量。這是四季藝術的品牌標誌，童趣十足。

唐富美常會細細欣賞這個美麗的品牌標誌，每一次觀看，一幕幕場景便會在腦海重現：在法國火車上寫下的理念、在待墾的新分校土地許下心願、孩子們無邪的童言笑語，以及畢業走出校園時的蛻變與茁壯。

創新教育典範

每一段歷程，都是四季藝術的成長，也是唐富美的人生軌跡，就像生命力旺盛的藤蔓，沿著努力的痕跡不斷蔓延，每一段衍生的枝椏，彷彿是孩子們無盡的創意與想法，最後更在長溝流月間，悄然無聲的長成了漫天樹海。

她還會想起曾經努力完成的每一件事情，每一個被解決的困難與問題，都蘊藏著幾百位伙伴的喜樂悲歡，起始於淚汗交織，結束於歡欣收割。如果沒有他們的熱情與傻勁，四季藝術怎麼可能完成一個又一個的教育夢想？怎麼能在荒原中開出似錦繁花，贏來海內外

在實踐綠色教育的路上，四季藝術早已有成千上萬的孩子與自然生態互動，在其中學習關心生命、珍愛地球。

的無數肯定？

二〇二二年十一月，唐富美獲頒「星雲教育獎」的「典範教師獎」。

星雲教育獎是教育界的年度大事，來自佛光山星雲大師「典範應存人間」的理念，其中的典範教師獎，更是為了鼓勵深具教育熱忱與愛心，可說是學生「生命中貴人」的典範良師。每年評選參與件數屢創新高，需經過公開推薦、書面審查、實地訪視、專業對話，以及複審、決審等非常嚴格的審查流程，最終才選出二十四位典範教師。

評審非常肯定唐富美對幼教的付出，評語中稱許她「在幼教界頗受肯定，成為台灣重要幼教品質指標」。

初心永在

不過，唐富美並未因為「典範」而有絲毫驕矜，領過獎座的那一刻，她說：「這個獎，不是我個人的成就，而是四季藝術二十多年來所有伙伴的努力、無數家長的支持，並且與可愛的孩子們一同創造的。」

她微笑看著頒獎台下的先生、兒子與伙伴：「感謝陪伴我共度每個春夏秋冬的你們，豐富了我的教學生涯，共同成就了四季藝術、成就了我。」

她深深鞠躬，眼裡綻放著對自己、對四季藝術更深的期許：「我們會持續在幼教的現場努力，期待與你們一起持續推動創新的教育模式。」

如雷掌聲響起，伙伴帶著鮮花衝上台，送上大大的擁抱，唐富美心中充滿喜悅，她知道未來的路還很長，但二十多年前「解決問題」的初心永在。

攀登下一座高峰

一九九五年的春天，四季藝術創校前夕，她和黃文彬到歐洲自助旅行。在法國的火車上，山嵐遠景映入眼底。她靜靜思索，寫下創校理念：

因為渴望每一位老師：用真誠的心尊重孩子，啟發他的好奇心，帶領他探索新知，學習獨立、學習忍耐、學習手腦並用，並勇敢的面對未來生命的挑戰。

因為渴望有一所學校：充滿藝術、人文、愛與夢想，讓孩子可以在生活中欣賞美，在遊戲中互動學習，並且從容的使用新科技，運用不同語言，開闊包容，自信的迎向地球村的時代。

因為渴望有一個地方：有溫暖的陽光和清新的空氣，有大樹、有草地，讓孩子可以親近自然，玩水、塑沙、盡情奔跑，讓不斷的活動鍛鍊孩子健康的身體和快樂的心靈……

如今的唐富美對世界依然懷著強烈使命感，即使四季藝術早已獲得無數家長和海內外教育專家的肯定，但她不曾停下腳步，更決心繼續攀越更高的山峰，帶著孩子眺望更遼闊的風景。

仁美校的成立，是四季藝術的全新夢土。唐富美知道未來的挑戰還有很多，但她會繼續帶著團隊前進。她再次許下承諾：

四季藝術要繼續幫助教育現場的老師，成為台灣人才引以為榮的職涯發展方向。
四季藝術將繼續為台灣而教，致力於培育改變世界的行動者。
四季藝術將為永續而教，成為全球綠色永續創新教育的典範。

四季藝術立志持續提供綠色的教育環境、創新的教育方案，為下一代孩子培養永續DNA。

教育教養 BEP076

成為孩子生命中的貴人

四季藝術創辦人唐富美的教育創新

國家圖書館出版品預行編目(CIP)資料

成為孩子生命中的貴人：四季藝術創辦人唐富美的教育創新 / 邵冰如著. -- 第一版. -- 臺北市：遠見天下文化出版股份有限公司, 2023.05
256面；17×23公分. -- (教育教養；BEP076)

ISBN 978-626-355-201-2(平裝)

1.CST: 教育哲學 2.CST: 子女教育

520.11 112006036

作者 — 邵冰如

企劃出版部總編輯 — 李桂芬
主編 — 李桂芬
責任編輯 — 郭盈秀
美術設計 — 劉雅文（特約）
美術顧問 — 張議文
攝影 — 黃鼎翔（特約）（P.19、81上、86、133上、143、180、189、223上、242下）
圖片提供 — 四季藝術兒童教育機構（P.14、22、24-25、31、36、45、51、54-55、60、67、72、81下、82、89、90-91、97、104、112、120、125、128-129、133下、136、140、146、149、155、156、167、169、172、174-175、185、194、199、206、209、210-211、215、223下、231、234、242上、247、251、255）

出版者 — 遠見天下文化出版股份有限公司
創辦人 — 高希均、王力行
遠見‧天下文化 事業群榮譽董事長 — 高希均
遠見‧天下文化 事業群董事長 — 王力行
天下文化社長 — 林天來
國際事務開發部兼版權中心總監 — 潘欣
法律顧問 — 理律法律事務所陳長文律師
著作權顧問 — 魏啟翔律師
地址 — 台北市104松江路93巷1號
讀者服務專線 —（02）2662-0012
傳真 —（02）2662-0007；2662-0009
電子郵件信箱 — cwpc@cwgv.com.tw
郵政劃撥 — 1326703-6號　遠見天下文化出版股份有限公司

電腦排版 — 立全電腦印前排版有限公司
製版廠 — 中原造像股份有限公司
印刷廠 — 中原造像股份有限公司
裝訂廠 — 中原造像股份有限公司
出版登記 — 局版台業字第2517號
總經銷 — 大和書報圖書股份有限公司 電話／(02)8990-2588
出版日期 — 2023年5月12日第一版第1次印行
2023年11月8日第一版第5次印行

定價 — 新台幣500元
ISBN — 978-626-355-201-2
EISBN — 9786263552043（EPUB）；9786263552050（PDF）
書號 — BEP076
天下文化官網 — bookzone.cwgv.com.tw

天下文化
BELIEVE IN READING